求真 至善 达美

——顺德机关幼儿园『乐融』园本课程的创新探索与实践

梁乐敏 编著

WUHAN UNIVERSITY PRESS
武汉大学出版社

图书在版编目(CIP)数据

求真 至善 达美:顺德机关幼儿园"乐融"园本课程的创新探索与实
践/梁乐敏编著.—武汉:武汉大学出版社,2023.11
ISBN 978-7-307-24042-1

Ⅰ.求… Ⅱ.梁… Ⅲ.幼儿园—课程建设—研究—顺德区 Ⅳ.G612

中国国家版本馆 CIP 数据核字(2023)第 189245 号

责任编辑:郭 静 责任校对:李孟潇 版式设计:韩闻锦

出版发行:**武汉大学出版社** (430072 武昌 珞珈山)
(电子邮箱:cbs22@ whu.edu.cn 网址:www.wdp.com.cn)
印刷:武汉中科兴业印务有限公司
开本:787×1092 1/16 印张:8.5 字数:172 千字 插页:3
版次:2023 年 11 月第 1 版 2023 年 11 月第 1 次印刷
ISBN 978-7-307-24042-1 定价:46.00 元

把唯一的童年留给每个孩子

根植传统
放眼世界
点亮童年

我们的约定

岭南文化特色的园环境

慧玩乐园　　我的幼儿园

做做玩玩感受本土传统文化

"叹"早茶

小农夫

趣味自主游戏

植物拓印

我们想了很多摘杨桃的方法

摘杨桃咯

切开看看杨桃里面的秘密

吃杨桃咯

多彩童心·创意童画

我们的点滴回忆

一起走过的春夏秋冬

幼儿园的100件事

编委会名单

序 一

我对顺德机关幼儿园是很熟悉的，早在 20 世纪 90 年代，前前后后去幼儿园就有十多次之多，与园里的园长和老师们互相学习，相互交流，共同进步。顺德机关幼儿园大楼有最显眼的十个大字："把唯一的童年留给孩子"，这反映的是该园的教育理念及教师的行为准则。多年来，该园始终坚持这一教育理念，尊重孩子的年龄特点和个性差异，珍惜孩子珍贵的童年，把时间和空间留给孩子，让孩子们快乐地游戏和学习、愉快成长和进步。

在幼儿园园长的带领下，幼儿园一直在进行课程改革和创新，从"快乐成长课程"到"'乐融'园本课程"，始终激发着孩子们的主体性和主动性，深度体现着课程的生活化、游戏化和本土化，以及儿童的健康发展和教师持续的专业成长。2020 年 9 月起，顺德机关幼儿园在梁乐敏园长的引领下，紧跟新时代的国家发展战略及育人目标，不断调整和修正课程，使课程改革上了一个新的台阶。《求真 至善 达美——顺德机关幼儿园"乐融"园本课程的创新探索与实践》一书的出版，就是课程改革和创新结果的最好印证。

本书汇聚了幼儿园在实施"乐融"园本课程方面的宝贵经验和深入思考。该课程以"乐以养成、融以共生"为理念，以培养真、善、美、玩、乐、创的完整儿童为目标，体现了幼儿园对幼儿发展的综合关注和全面培养，通过融知、融行和融情三个板块，让幼儿在真实而丰富的生活体验中获取知识、快乐成长，在亲身参与实践中去认识善、内化善和传递善，在精神和情感的熏陶中去了解美、欣赏美和创造美。

本书分为理论篇和实践篇两个部分。理论篇从多个角度对园本课程建设进行系统探讨和解读。详细阐述了"乐以养成、融以共生"这一课程理念对于幼儿成长的重要性，探索了"以乐润心、以融生智；以美达乐、以融显合"为目标的"乐融"课程培养路径。同时，还详细论述了"乐融"课程在幼儿身心和谐健康发展、语言能力的提升、认知能力的培养、审美创美能力的塑造以及社会交往能力的锻炼所能带来的积极影响。

实践篇则围绕幼儿年龄段的特点和需求，展示了大中小幼儿三个年龄段的主题课程活动和课程故事。这些课程和故事案例，能让读者更直观地了解"乐融"课程在具体实施中的方法、策略和效果，能为幼儿教育工作者提供最宝贵的实践经验和启示。

"真、善、美"是人类精神世界的永恒追求，是提升幼儿教育质量的根本，是课程建构的最为核心的内涵；"玩、乐、创"是对幼儿实施高质量教育的特点，是幼儿园教师专业发展所追寻的路径和方法。如果把这两者融为一体，就能达成幼儿园教育所追求的目标与幼儿园教育途径、方法的统一。

我衷心希望这本书能够为读者带来启发和帮助，引领更多的幼儿园与教育工作者认识到幼儿全面发展的重要性，引导幼儿走向真、善、美、玩、乐、创的人生发展之路。

我祝愿顺德机关幼儿园的"乐融"课程能够不断创新和完善，在培养完整儿童的道路上为幼儿教育事业树立榜样！

华东师范大学教授，博士生导师，环太平洋地区学前教育学会会董

2023 年 8 月于上海

序   二

本人很欣喜地审读了广东省顺德机关幼儿园的《求真 至善 达美——顺德机关幼儿园"乐融"园本课程的创新探索与实践》书稿，拜读之后思绪联翩。本书是园本课程的研究成果，对该园本课程的逻辑起点进行溯源实为必要，因为目前全国的幼儿园都在努力建构园本课程乃至班本课程，所以弄清本书的园本课程逻辑起点或有他山之石可以攻玉的参考价值。

第一，厘清"课程逻辑起点"的概念。

所谓"逻辑起点"是指一个理论或一门学科的起始范畴，它制约或影响着该学科理论体系的建构（朱家雄，2014）。由此推论园本课程的逻辑起点就是构建该课程的初心发轫之处。

本着以"幼儿为本"的理念，课程应将幼儿的生活经验视为幼儿园课程的逻辑起点，这是当今幼儿教育最为重要的理念之一，而且在当前有着警示和启示的作用。因为幼儿具有积极主动成长的力量，有自己的看法、想法和情感，他们不仅在生活中、游戏中认识和了解这个世界，而且还构建着自己的精神和意义世界，这一切经历就是幼儿的生活经验，它们构成了幼儿园课程的源头活水。

秉持以"文化为本"的理念，幼儿园课程的逻辑起点还要考虑幼儿经验的文化基因，因为幼儿的生活经验都带有文化属性的基础。

我们欣慰地看到，《求真 至善 达美——顺德机关幼儿园"乐融"园本课程的创新探索与实践》一书的课程逻辑起点都紧紧围绕着这两个原点来展开。

第二，凸显了幼儿经验为本的起点。

书中指出："乐融"园本课程的核心理念充分体现以"幼儿为本"，基于幼儿发展的理念，其主要目的在于让幼儿能够快乐学习，健康成长，使幼儿成长为一个具有真、善、美、玩、乐、创品质、全面发展的儿童，从而为幼儿之后的一生发展和学习打下坚实的基础。

可见，该书呈现的课程逻辑起点聚焦着幼儿学习的经验起点。该书构建的园本课程为幼儿形成了系统化、整体性的经验体系，教师通过课程促进幼儿的学习与发展。这套课程体系的提供关照到幼儿学习的经验起点，从而能最大限度地支持和满足幼儿通过直接感知、实际操作和亲身体验获取经验的需要。同时，为了增强幼儿的直接经验，该园本课程还形成了多元的课程实施路径，即通过学习(集体、分组)活动、区域游戏、生活渗透、游戏活动、户外活动、亲子活动、家长进课堂、外出社会实践活动以及各种大型活动开展课程，呈现了课程实施的多元性、多表征性特点。

第三，彰显了文化基因为根的起点。

书中指出：要将传统文化带入幼儿的生活中。几千年的优秀传统文化是中华民族精神的体现，影响了一代又一代的中国人。将传统文化融入幼儿生活环境，渗透到一日生活环节之中，让幼儿从小接触、感受丰富的传统文化，这既对幼儿人格的塑造、美德的形成起着重要的作用，也为幼儿一生的发展奠定了良好基础。

幼儿的直接经验是泛化的、无法直接回答人才培养的价值取向、方向性问题。如果不加入社会文化价值取向的属性，幼儿的直接经验有可能不符合社会文化规则、甚至无法回应新时代诉求。《求真　至善　达美——顺德机关幼儿园"乐融"园本课程的创新探索与实践》一书的课程逻辑起点不仅关注幼儿生活的亲身经验，还根据幼儿的生长性和生活化的特点，将文化基因嵌入幼儿的生活经验范畴，把幼儿的内在生长需求融入蕴含"真、善、美"的社会关系环境中，从而将幼儿园课程的文化基因与幼儿的直接经验结合在一起，共同培育出幼儿的文化生命之根。

综上所述，欣以为序！

华东师范大学教育学部教授，曾留学日本，1998 年获日本东京大学教育学硕士学位；2003 年 7 月，获华东师范大学心理学博士学位。兼任日本国际幼儿教育学会副会长、中国学前教育委员会健康专业委员会理事等职。

2023 年 8 月于河南安阳

目　录

上篇　理论篇

下篇　实践篇

上篇
理 论 篇

第一章 "乐融"园本课程之缘起

"人生百年，立于幼学。"

著名教育家陶行知说："教育就是要创造真善美的活人。"

第一节 "乐融"园本课程的实施背景

一、园本课程的发展及其现状

园本课程，也称为幼儿园本位课程，是指以幼儿园为主体，以儿童为中心的教育理念和教学方法，包括课程目标、内容、方法、评价等方面的制定和实施。园本课程的历史可以追溯到20世纪初，随着德国和美国等西方国家对幼儿教育的不断研究和发展以及马克思主义关于教育的理论探讨，幼儿教育逐渐得到了重视，园本课程也就应运而生。

20世纪50年代后期，幼教工作从筹备"儿童活动室"开始，逐渐向现代化的托幼体系发展。自从80年代以来，园本课程在国内受到关注，中国的幼儿教育快速发展，并且逐渐运用和吸收了一些国际先进的学前教育理念以及实践方式。

进入21世纪，尤其是2001年教育部颁布《幼儿园教育指导纲要》以来，我国开启了幼儿教育"有纲无本"的模式，各地相继出台了相关政策和标准。园本课程在幼儿园教育中的应用逐渐普及，赢得了广大家长和教育工作者的支持和赞誉。虽然园本课程在中国的推广和应用取得了一定的成绩，但也存在一些乱象，主要表现如下：

(一)园本课程开发重"特色"轻"儿童"

从整体上来看，现在幼儿园开发的园本课程可以说是五花八门，实质内容大同小异，都是标榜某种"特色"。这种园本课程的特色，一方面来源地方资源，比如"××扎染课程"；另一方面，特色可能是指向幼儿某一方面特长的培养，比如"××美术课程"。

(二)园本课程开发重"结果"轻"过程"

当前园本课程开发过分重视课程开发的产品和结果，存在淡化甚至忽略课程开发的过程的现象。具体表现为看重课程门类的设置和教材的编写，甚至在课程名称的花样翻新上倾注精力、大做文章，而对园本课程开发的过程与实质缺乏全面的领会和把握，更缺乏整体性关注。

事实上，"开发"二字本身就意味着动态的、持续的、发展的探究过程。现代课程理论认为，课程开发是一个包括课程规划、课程实施和课程评价在内的完整的课程运作过程，而不仅仅是一个课程方案忠实执行的过程。比如，在幼儿园每个年龄班的课程具体实施中，课程情境总是因活动内容的不同而被不断地切换，师幼互动也在不同的具体情境中持续、动态地发生着，需要教师密切关注孩子的兴趣和困惑随机生成课程。

可见，幼儿园课程实施的整个过程具有复杂性、不确定性和不可预见性，这就需要园本课程在实施中注重过程，使课程适应本园的实际情况上，建构适合每个幼儿园的课程。

鉴于园本课程发展存在乱象，顺德机关幼儿园近年来认真探索适合本园的课程，认为园本课程是一种以"建立和谐、自由、有爱、尊重、平等、有创造性的幼儿教育环境"为出发点，以促进孩子身心健康成长为核心价值的系统化课程体系。通过课程内容的设计、实施和评价等环节，让幼儿在"玩中学、学中玩"，让游戏点亮童年，并且贯彻以"幼儿为本"的核心理念。

二、"乐融"园本课程发展的背景

园本课程的开发是基于国家法律文件出台的背景下生成的。学前教育是个人终身学习的开端，是国民教育体系的重要组成部分，也是重要的社会公益事业；办好学前教育、实现幼有所育，是党的十九大作出的重大决策部署，是党和政府为老百姓办实事的重大民生工程，关系着亿万儿童的健康成长，关系着社会和谐稳定，关系着党和国家事业未来。因此，为了切实保障幼儿的全面发展，应做好关系幼儿未来发展的基础教育。

(一)国家政策

第一，《幼儿园教育指导纲要》(以下简称《纲要》)对园本课程的引领。《纲要》总则中指出："城乡各类幼儿园都应从实际出发，因地制宜地实施素质教育。要重视人的思想道德素质、能力培养、个性发展、身体健康和心理健康教育。"《纲要》中明确指出要实施素质教育，这是因为幼儿园教育作为一种基础教育，其对于幼儿未来的可持续发展具有重要的奠基作用，因此，为了切实提高幼儿认知能力、社会能力、情绪能力、思维能力的发展，使幼儿真正成为一个具有真、善、美、玩、乐、创的身心全面发展的儿童，"乐融"课程孕育而生。《纲要》总则中提出："幼儿园应为幼儿提供健康、丰富的生活和活动环境，满足他们多方面发展的需要，使他们在快乐的童年生活中获得有益于身心发展的经验。""乐融"课程是基于把唯一的童年留给儿童的办园理念的支持下所构建的，儿童的童年是自然的、宝贵的、唯一的、自由的、游戏的。作为成人应保护幼儿的童年生活，并且为幼儿创设一个更加自由、自主、自然的童年生活环境，"乐融"课程的教育理念就是让童年回归于儿童，让每个儿童拥有自己的童年。《纲要》总则中还指出："幼儿教育应尊重幼儿的人格和权利，尊重幼儿身心发展的规律和学习特点，以游戏为基本活动，保教并重，关注个别差异，促进每个幼儿富有个性地发展。""乐融"园本课程的开发是基于本土、本园的特点和幼儿自身的兴趣，进行有特色、有个性的开发和设计的，其目的是开设适合于本园幼儿身心发展特征与幼儿感兴趣的课程，从而更好地促进幼儿多样化和全面化的发展。

第二，《3—6岁儿童学习和发展指南》（以下简称《指南》）对园本课程的影响。《指南》是从健康、语言、社会、科学、艺术五大领域来描述幼儿的学习和发展。基于此，"乐融"课程的目标也包含于以上五大领域之中，并且在《指南》中所指出的健康、语言、社会、科学、艺术五大领域的要求和目标的基础上进行了新的阐述。例如：以健康领域为例，《指南》中指出：幼儿健康领域的目标应包括幼儿的身心发展——要拥有健康的体态、保持安定愉快的情绪、具有一定的适应能力；而在动作的发展上要做到身体具有一定的平衡能和一定的力量和耐力，动作协调，并且手的动作灵活协调；最后是在生活习惯和生活能力上要具有良好的生活与卫生习惯、基本的生活自理能力，以及具备基本的安全知识和自我保护能力。《指南》中还对语言、社会、科学、艺术等领域中幼儿的发展目标进行了详细的阐述，因此，"乐融"课程以《指南》为蓝本，对课程目标的划分也基于以上五大领域的内容。

第三，《幼儿园工作规程》（以下简称《规程》）对园本课程建设的启示。《规程》明确指出了幼儿园的任务是贯彻国家方针，按照保育和教育相结合的原则，遵循幼儿身心发展特点和规律，实施德、智、体、美等方面全面发展的教育，促进幼儿身心协调发展。而为了促进幼儿的全面发展，园本课程的开发和设计不失为一种可行的方式，幼儿园园本课程的设计充分考虑了幼儿的个体差异，尊重幼儿的身心发展规律，不仅可以为幼儿创设适宜的发展环境，还有利于培养幼儿开放性的思维和视野，有利于将幼儿培养成为适应于社会和时代的个体，从而最终促进幼儿的全面发展。基于此，"乐融"课程的设计理念为：乐以养成，融以共生。其设计的主要目的在于让幼儿能够快乐学习，健康成长，并在高度融合五大领域课程、传统文化知识的基础上，最终使幼儿成长为一个具有真、善、美、玩、乐、创品质全面发展的儿童，从而为幼儿之后的一生发展和学习打下坚实的基础。

(二)地方政策

《广东省幼儿园一日活动指引》(以下简称《指引》),是为了进一步规范广东省幼儿园办园行为,全面提高保教质量,促进幼儿身心健康成长,防止和纠正"小学化"现象所制定的文件。而"乐融"课程的理念、目标等方面与《指引》中所提出的理念和原则相契合,具体体现在以下几个方面:首先,在办园理念上,把唯一的童年留给孩子。这在一定程度上显示出"乐融"课程遵循自然的原则,让幼儿享受童年的快乐,防止幼儿园的教育活动落入小学化的模式;其次,"乐融"课程的目标和理念与《指引》中所提出的注重五大领域的渗透与整合具有一致性。由此可知,"乐融"课程的设计与开发响应了广东省教育厅所出台的《指引》中的政策法规,因此,"乐融"课程设计的内容和理念与《指引》中所提出的要求具有关联性,并为其提供参考价值,以期开发出更适合于幼儿成长的园本课程,在课程实施的过程中促进幼儿全面发展。

(三)园所基础

1. 发展历程。顺德机关幼儿园,首批广东省一级幼儿园,创办于 1951 年,位于佛山市顺德区大良街道丹桂路 3 号。2001 年,幼儿园由公办转为民办,走上自负盈亏、探索创新的自主经营之路。2002 年起,实现跨越式发展,先后与 5 家名企合作办园,开办和管理了 5 家分园。高起点、稳提升,就是顺德幼教的"名片"。2020 年 8 月,应上级政策需要,幼儿园回归公办,成为区属新型公办幼儿园,开启发展新篇章。几代人倾情奉献,沉淀了厚重的办园文化,始终坚守"把唯一的童年留给每个孩子"的教育理念,是顺德乃至广东一所高品质的幼儿园,誉满社会。

2. 设施设备。幼儿园占地面积 $12756m^2$,建筑面积 $9269.3m^2$,户外活动场地面积 $7510m^2$。拥有多个幼儿美术室、音乐室、舞蹈室、多功能电教室、阅览室、幼儿阅览室、科学室、泳池,各式各样的玩水池、玩沙池、塑料篮球场等,一应俱全。园内柳翠花红、荷塘小桥、长城迂迴、山村野趣,更兼有果园、山坡、运动场、儿童烹调室和餐厅,堪称一座设计独特而又寓教其中的儿童乐园。

3. 办园规模与师资队伍。幼儿园现规模 20 个班(其中双语班 12 个),662 名幼儿。有一支爱儿善教、无私奉献的高素质教职工团队,教职员工共 119 人,其中专任教师 74 人(其中 12 名外籍教师),大专及以上学历达到 100%。专任教师中,研究生学历(包括博士、硕士)3 人占比 4.1%;本科学历 52 人占比 70.3%;大专学历 19 人占比 25.7%;副高职称 3 人,中级职称 23 人。

4. 办园成果。幼儿园拥有众多荣誉,先后被评为全国"三八"红旗集体、广东省首批一级幼儿园、广东省首批绿色幼儿园、广东省巾帼文明示范岗、南粤女职工文明岗和全国优秀(示范)家长学校；顺德机关幼儿园也是广东省园长培训实践基地、广东省少儿艺术培训基地、华南师范大学(学前)教育硕士联合培养基地和华南师范大学特殊教育学院"学训研"教学实践基地。幼儿园教科研氛围浓厚，教科研项目成果先后多次荣获顺德区、佛山市和广东省的教育科研成果奖"一等奖"；同时，致力于总结教育教学成果，升华"爱的教育"，公开发行或内部编印书籍 20 余册。幼儿园先后深入开展融合教育、国际化教育、爱国主义教育和岭南传统文化教育，目前均已开花结果，成为幼儿园园本课程的重要品牌。

三、追问园本课程的根本

南京师范大学教育科学学院虞永平教授认为："园本课程就是指幼儿园之'本'为基础的课程。在此，'本'是指基础、现状、背景、实际、条件及可能等反映幼儿园现实的因素。"

但是，当我们追问园本课程的"根本"时，却发现倾向特色的课程其实偏离了园本课程的初衷。虞永平教授认为，园本课程不是外来的课程，而是在幼儿园内部逐渐生长起来的课程。那么，生活在幼儿园中的幼儿应该就是课程生长的"本"，即一个幼儿园的儿童的真实兴趣与需求是什么，最需要积累的经验是什么。园本课程应源于儿童已有的经验，指向的是儿童与环境的积极作用中经验的增长和意义的建构。

园本课程应该落实"幼儿为本"的核心理念，纵观"儿童本位"或"以幼儿为本"学前教育思想渊源，早在 18 世纪，法国著名教育家、思想家卢梭就在他的著作《爱弥儿》中说过："儿童是有他特有的看法、想法和感情的，如果想用我们的看法、想法和感情去代替他们的，那简直是愚蠢的事情。"这是儿童观第一次被提及，标志着儿童观在西方世界的早期萌芽，可惜这并未得到重视。

直至 1919 年中国五四运动时期，"儿童"才真正被发现，杜威的"儿童中心论"传入中国教育界并引起了强烈反响。他提出："儿童是起点，是中心，而且是目的。"这一观点预示着"儿童"作为具有能动性的对象，登上了中国现代教育的舞台，并占有一席之地。简单说来，"儿童本位"实际上就是"儿童中心论"的衍生。

在杜威的"儿童中心论"中："我们教育中将引起的改变是重心的转移，这是一种变革，这是一种革命。儿童变成了太阳，而教育的一切措施围绕着他们转动，儿童是中心，教育措施便围绕他们组织起来。"这一观点奠定了儿童在教育中的中心地位，为以后教育方向的发展起到重要作用。

童年成为社会思想的宝贵资源，从"发现童年"的卢梭，到提出"儿童是成人之父"的华兹华斯；从在"快乐原则"与"现实原则"间作出明确选择的弗洛伊德，到将儿童命名为

"本能的缪斯"的布约克沃尔德；从通过"童年"建立"梦想诗学"的巴什拉，到呼吁"解放儿童"的陶行知，许多思想家面对人类教育的根本问题时，总是通过"儿童"的思想，寻找着走出黑暗隧道的光明。

2002年刘晓东教授在《解放儿童》中提到，儿童具有不同于成人的生活和世界，幼小儿童的生活主要是本能的、无意识的，儿童只有沿着进化历史赋予的路线、节奏和速率来成长，全面拥有童年的财富、童年的生活，才能避免传统教育的"异化"，才能茁壮成长，才能顺利进入成人世界。家庭教育专家孙云晓在《捍卫童年》里认为儿童的名字是今天，每个孩子都有权利拥有幸福的童年，并明确指出捍卫童年是父母和教师的神圣天职，真正的教育是人的解放。全部儿童教育的使命可以概括为八个字：发现童年，解放孩子。

新童年社会学提出："应重视儿童当下的成长，儿童的语言、行为、互动不再仅仅是发展状况、思维水平的象征性符号，而是他们社会生活的真实的一部分。联合国《儿童权利公约》的提出，使得儿童权利有了法律保障，为儿童权利的落实保驾护航，也逐渐让儿童权利成了具有现实意义的存在。"

随着社会的发展，人类教育的进步，尊重儿童的权利，倾听儿童的声音越来越成为教育态度的主流。让儿童实现主动参与，构建"儿童本位"课程，就是要求教师要有"全人"的概念，要关注儿童的进步和发展，确立儿童的主体地位，提倡自主、探索与合作的新型学习方式，促进儿童学习产生实质性的变化。

四、"乐融"园本课程之"根本"

"乐融"园本课程的核心理念：乐以养成，融以共生。充分体现基于幼儿发展的"幼儿为本"的理念，其主要目的在于让幼儿能够快乐学习，健康成长，并在高度融合五大领域课程、传统文化知识的基础上，最终使幼儿成长为一个具有"真、善、美、玩、乐、创"品质、全面发展的儿童，从而为幼儿之后的一生发展和学习打下坚实的基础。

乐以养成教育主张通过各种有趣的活动和方式来培养儿童良好的习惯和品德，弘扬正能量，增强儿童的自信心和积极性，让学习变得更加有趣和富有生命力。该教育方法注重对儿童发展的各个方面进行育人，涉及品德、习惯、社交技能、思维等多个领域，旨在促进儿童自我发展和健康成长。

乐以养成教育，一方面鼓励孩子参与丰富多彩的游戏和课程活动，通过体验和互动帮助他们获得新知识、提高思维和表达能力；另一方面关注儿童情感、认知、行为的发展，鼓励他们去探索、学习、尝试不同的事物，并从中汲取营养和能量。这样，孩子们会慢慢习惯探索和发现新事物，懂得沟通和合作，建立起持续进步的良好习惯，从而催生出更多的积极思考和寻找解决问题的机会。

乐以养成教育特别适合在幼儿教育阶段推广，旨在为孩子们打下坚实的成长基础，并为其未来的学习和发展作好充分准备。符合孩子天性，可以激发他们的自主创新精神和动手能力，让他们更愉快地学习和成长。

"乐融"园本课程旨在促进幼儿身心全面发展。它强调的是幼儿教育的主体性和主动性，以及幼儿对自身生命价值的认知和尊重。具体来说，"乐融"园本课程的根本包括以下几个方面：

1. 尊重幼儿个体差异：幼儿是一个独立的个体，每个幼儿都有其独特的个性、兴趣和需要。园本课程立足幼儿与现实生活的联系，注重教师在课堂中对幼儿的观察、分析和了解，因材施教，帮助幼儿充分发挥自身潜能。

2. 强调幼儿主体性：园本课程鼓励幼儿参与学习过程，充分发挥他们在学习中的积极性和主动性，让幼儿在实际操作中掌握知识，培养能力和自信心，从而更好地适应社会发展的需求。

3. 实现情感体验与认知结合：园本课程注重幼儿发展心理的和谐性，让幼儿在学习内容中获得情感体验。这不仅有助于幼儿建立良好的人际关系，还能够激发他们的向往和热情，形成对新事物的认知。

4. 科学启蒙与生活教育相结合：园本课程旨在帮助幼儿应用科学知识进行自然观察，体验艺术与美学，培养创造力和交际能力，以及了解社会生活，为未来成长作出基础性的准备。

因此，"乐融"园本课程是促进幼儿全面、合理、平衡地发展，将幼儿看作发展的主体，根据幼儿不同的特点和需要量身定制课程，鼓励幼儿在学习中积累经历、归纳总结，并在实践中不断精进自我，逐步走上更高层次的学习阶段。

第二节 "乐融"园本课程的实践理论基础

一、基本理论基础

(一)全人教育理念

全人教育思想始于美国 20 世纪六七十年代，经过不断发展变革，后来传遍美洲大陆、欧洲大陆，乃至整个亚洲，至今已形成了一系列全球性的全人教育改革，对各级别各类型的教育都产生了重要的影响。其中以日本教育家小原国芳全人教育思想的影响最为广泛。他指出，全人教育应该包括六个方面，即学问、道德、艺术、宗教、身体和生活，具体表现为："学问的理想在于真；道德的理想在于善，艺术的理想在于美，宗教的理想在于圣，身体的理想在于健，生活的理想在于富。"即培养真、善、美、圣、健、富的人。他并以此为标准，提出了教育教学的原则，即尊重学生的个性；尊重学生的学习自主性和独立性；充分尊重学生的自学；鼓励学生动手实践和劳动体验；师生亲密、身教重于言教。随着全人教育思想的传播，台湾地区中原大学在小原国芳理论基础上进行了深入的挖掘，并结合中华传统文化思想，进而使全人教育思想独具中国特色。

1. 注重幼儿全面性发展。小原国芳的全人教育思想是培养具有"真、善、美、圣、健、富"的人，换句话说，他主张促进幼儿认知、技能、情感等方面的全面发展，做到"知、情、意、行"四者统一，使其拥有健全的人格、高尚的情操、崇高的道德、善良的品行、创造的思维。"乐融"课程在此基础上也提出了培养具有"真、善、美、玩、乐、创"品质的完整儿童，而为了切实实现这一目标的达成，"乐融"课程深度融合了五大领域和传统文化的相关活动，使活动相互融会贯通，同时，特别注重幼儿的情感教育，注重幼儿心理的健康发展，最终实现以乐润心、以融生智、以乐达美、以融显合的课程目标。

2. 关注幼儿的个体差异。每个幼儿都是独立的个体，都拥有自己的思想、个性、气质、性格，课程设计关注每个幼儿的差异性可以使课程更具有适宜性。小原国芳提出的教育原则之一就是尊重幼儿的个体差异。即：根据幼儿学习中的实际需求，发现幼儿的能力和优势，并且根据不同幼儿的性格、兴趣爱好将其归类，进而开展不同的授课模式，做到因材施教，这样能够帮助幼儿的个性化得到提升，在学习的过程中养成良好的意识。而"乐融"课程作为园本课程，是在综合考虑本园和幼儿的个性特点的基础上所设计开发出来的，表现出独特性、创造性、融合性的特点。

3. 立足课程传统化探究。全人教育思想是一种具有本土化和中国传统特色的教育思想。其通过对儒家经典思想的教育性解析为全人教育找到了中华文化的土壤与根基。由此可以看出，对我国传统文化的深入挖掘可以为课程带来参考价值。基于此，"乐融"课程在内容的选择上也植根于顺德传统文化的精髓，使幼儿了解文化的多样化和多元化，因此"乐融"课程不仅植根于现代，还扎根于传统文化的土壤之中，让幼儿在多元文化的冲击下获得思想的碰撞与交流，培养人文精神和人文情怀，最终实现全面发展。

4. 立足课程世界化探究。全人教育思想指出要有全球与宽广的视野，全人教育者所关心的不是某个人、某个学校、某个国家的发展，而是从更宽广的角度将整个地球甚至整个宇宙联系在一起。基于此，课程内容的选择也应与时俱进，紧跟时代的发展，这不仅体现出"乐融"课程的广泛性和开放性，而且使"乐融"课程的教育主张着眼于国内外，做到紧跟世界教育思想的前沿，为"乐融"课程的持续性开展提供理论和实践的借鉴。

5. 体现课程公平性原则。世界上是由人所组建的世界共同体，这里的人包含性别、年龄、健康等方面的差异。正是由此全人教育提出教育是面向所有人的教育，不论是心智健全的人，还是有特殊需要的人。"乐融"课程很好地践行了这一公平性的原则，不论是普通的孩子还是特殊需要的儿童都可以有机会参与"乐融"课程的实施之中，真正做到"乐以养成，融以共生"。

(二)快乐教育理念

斯宾塞是教育改革的先导，他认为，世界上最好的教育本质上都是快乐的，他极力倡导快乐教育，所谓快乐教育，其实就是遵循幼儿的身心发展规律的教育，也就是以人为本的教育。他主张从情感入手，以情感为动力，从"以人为本"为出发点，激发幼儿的学习兴趣，唤起幼儿的自觉性、主动性和创造性，并且能够体验成功的快乐。斯宾塞的快乐教育理念对"乐融"课程的形成提供了重要借鉴并产生了深刻的影响。

1. 体现课程快乐性原则。斯宾塞是快乐教育的倡导者。他认为玩是孩子的本性，幼儿天生就爱玩，我们成人要做的就是将快乐的童年还给每一位幼儿，由于幼儿在快乐状态下的学习是最有效的，因此要让孩子在自由和快乐的教育氛围中学习，寓教于乐，使幼儿在玩的过程中感到快乐和幸福。基于此，"乐融"课程构建的一个指导性原则就是"乐以养成"，就是让幼儿在课程活动中能够快乐地、快活地、欢乐地"养身""养心""养性""养德"。

2. 重视课程的环境创设。幼儿与外在环境的互动体现在一日活动之中，并对幼儿有着潜移默化的影响。幼儿在幼儿园环境创设中处于主体核心地位，所以幼儿园的环境创设必须切合幼儿发展的实际需求，真正给幼儿提供一个愉快、舒心、快乐的学习成长环境。基于斯宾塞的教育主张，"乐融"课程不仅注重对幼儿园环境的创设，还高度融合家庭、社区、社会的力量来实施教育教学活动，从而构建家、园、社共同体，营造愉悦自由、宽松有爱的环境，让幼儿在与环境中人和物的双向互动中，体验到快乐，获得直接经验。

(三)进步主义教育理念

进步主义教育理念源于欧洲近代教育思想，并在亚里士多德、卢梭、裴斯泰洛齐、福禄贝尔教育理念的影响下汇集成进步主义教育思想的理论来源。其中，杜威是进步主义教育的集大成者。首先，他提出教育的本质是：教育即生长；教育即经验改造；教育即生活。因此杜威主张把儿童放在教育的中心，教育的目的是把儿童培养成为社会合格公民，着眼于儿童生活并回归于儿童生活，并提出了幼儿发展的四种本能活动，即社交的本能、制造的本能、兴趣的本能与艺术的本能。最后，杜威十分重视工作、作业与游戏在教育中的价值。他认为游戏是儿童最好的伙伴，以游戏的形式安排幼儿园活动，儿童将会在这种环境中自由、轻松地掌握各种本领。杜威强调了游戏的教育功能与游戏内容的社会性，重视将游戏、工作合为一体，引导儿童从做中学。杜威的进步主义教育思想对"乐融"课程产生了重要影响。

1. 建设游戏性课程实施。幼儿园课程与活动内容以游戏的形式展开是基于幼儿身心发展规律的要求，游戏是幼儿基本活动，也是幼儿学习的最好方式。幼儿在游戏中进行"做"，这里的"做"是一种创作，即让幼儿能够创造性地、启发性地自由游戏，从而在游戏的过程中获得直接学习经验。"乐融"课程的开展是基于游戏的原则，使幼儿能够玩、学会玩、愿意玩、乐于玩。

2. 追寻生活性课程内容。杜威提出教育即生活。这里的生活不仅蕴含了幼儿园课程应取材于幼儿的生活，同时也蕴含了幼儿学习的目的也要回归于生活之中。回归生活的幼儿园课程设计既联系儿童的生活实际，又遵循了儿童身心发展的规律，提升了儿童的生命品质。生活与儿童密切相关，教育的目的之一就是使儿童更好地适应生活。因此，"乐融"课程的内容选择是与幼儿的生活息息相关的，从幼儿熟悉的生活、文化及美食中寻找教育的价值，从而更好地促进幼儿全面发展。

3. 遵循幼儿本体位理念。幼儿园课程与活动内容应遵循幼儿心理、生理发展规律。进步主义教育以"儿童"为中心，它不同于传统的教学模式，传统的教育更侧重于知识的传授，主张教师主动传授、儿童被动接受。基于此，"乐融"课程的开发和设计也应从幼儿为主体，遵循幼儿的身心发展规律和兴趣，通过游戏的方式进行教学活动，做到寓教于乐，并且在课程实施中强调幼儿的主动性和自主性，让幼儿在自由、自主的生活、游戏活动中逐渐学会主动学习和探究学习。

二、"乐融"园本课程的哲学思辨

"人生百年，立于幼学。"陶行知先生曾说过，"创造真善美的人格"是学校德育教育的重要任务之一，并且指出"教人要从小教起，幼儿比如幼苗，必须培育得宜，方能发芽滋长"。苏霍姆林斯基在《怎样培养真正的人》一书中告诉我们："培养真正的人，其实就是培养孩子有良心感、善意感，懂得尊重长辈，孝敬父母，善解人意，做一个有教养的人；培养孩子对亲人的忠诚感，养成慷慨大方、大公无私的品格……"因此，顺德机关幼儿园坚定培养具有"真、善、美、玩、乐、创"品质、全面发展的儿童。培养孩子求"真"、至"善"、达"美"品格才是真正的教育，这更是时代的呼唤。让孩子们走出自己的世界，走向更为宽广以及有着无限可能性的世界和未来。

怎样滋养儿童求"真"、至"善"、达"美"的品格呢？"种树者必培其根，种德者必养其心。"明代著名思想家、军事家王阳明用浅显的比喻把教育的真谛揭示出来。在儿童教育中重视文化育人，就是最重要的"培根""养心"之举。"好孩子不是教出来的，是好的文化熏陶出来的"这句话凸显了文化对幼儿心灵的滋养。顺德机关幼儿园构建"乐融"园本课程，在幼儿园一日生活过程中滋养儿童求"真"、至"善"、达"美"品格。幼儿天真、烂漫、纯洁、无瑕，幼儿教育有别于中小学教育的模式，必须选择幼儿最容易接受的方式。顺德机关幼儿园秉承"把唯一的童年留给每一个孩子"的办学理念，结合《幼儿园工作规程》和《3—6岁儿童学习与发展指南》要求落实幼儿一日生活，培养"真、善、美、玩、乐、创"品质全面发展的儿童。

（一）"真"与求真

"真"即"真理"，是主观与客观、理论与实践的结合。其内容是事物的内部联系及其发展的规律，是事物的本质具有客观性，即幼儿身心发展具备内在的规律。"求真"正是对事物的本质、规律的探索研究过程，即教育的过程追求探讨符合幼儿身心发展规律的教育。"真"与"求真"之间有着紧密的联系，简单地说，就是在实践过程中，主观认识客观的过程和结果的统一。

"真"这个字在日常生活中使用的频率很高。在中国古代汉语中，"真"具有三层含义，其一有真实之意，与假、伪相对，如"使真伪毋相乱"——《汉书·宣帝纪》。其二有"正"之意，与副、邪相对，如"恭楷誊真，双手呈与抚台"——《文明小史》。其三有精、淳、本来、固有之意，与虚相对，如"不识庐山真面目，只缘身在此山中"——（宋）苏轼《题西林壁》。"真者，精诚之至也。真在内者，神动于外，是所以贵真也"——《庄子·渔父》。

首先，"真"是"求真"的基础。"真"作为客观规律，它必须是存在的，如果失去了"真"的客观存在性，那么我们就将无"真"可"求"。"真"作为客观规律，是"求真"的方向标，不遵循"真"的本质，"求真"的结果往往也是错误的。辩证唯物主义则是遵循了世界是物质的和事物是辩证的这两个客观存在，所以才能在"求真"过程中方向明确，"求真"结果中理论正确。

其次，"求真"是"真"的体现。"求真"是过程，也是结果，两者相结合是"求真"对"真"的体现。对"真"的探求过程中，主观必须遵循客观，思想、行为、方式必须按照真理的方向迈进，不断接近客观规律，并逐渐体现出主客观相统一的结果，这是在探索研究中不断积累经验，最终掌握规律的过程，是行动上"求真"对结果上"真"把握的统一。

最后，实践是"真"与"求真"的桥梁纽带。"真"具有存在性、客观性，"求真"具有多样性、主观性，在探索过程中，实践是两者能够最终结合的关键。

就幼儿教育而言，"求真"讲究源于幼儿生活。正如陶行知先生所说："千教万教，教人求真，千学万学，学做真人。"教师理解幼儿的学习方式和特点，激发幼儿在真游戏中进行真深度的学习，引导幼儿做一个爱观察、爱思考、爱探究的孩子。

（二）"善"与"至善"

"善"这个字属于会意字，从羊，从言。在中国古代，羊寓意着吉祥，考古专家发现许多古代的铜、瓷工艺品都刻有羊的图案，所以"善"这个字的本意就是吉祥。如《说文解字》中解释说："善，吉也。"在汉语中，无论作为形容词、名词、动词还是副词，"善"都表示美好、吉祥、友好等意思，属于褒义词。往往"善"与"恶"是相对的，其根本原因是由人们对事物是否满足自身的要求、满足自身要求是否与社会道德准则相违背等观念不同而引起的。对事物善、恶的判定取决于人们的价值观。

"至善"是观察接触事物、经过抽象分析后，关注有利于自身、社会发展的正面因素，在接受和获得该具体事物作用和影响的过程中，生理和心理的需求得到满足，产生快乐、幸福、称心、如意等美好感觉的东西。"至善"是对"善"理解、追求、行动、内化、提升的过程，是作出对自己和他人有益的事。两者之间是相辅相成、紧密联系的。

首先，"至善"是对"善"的甄别。"至善"首先要从思想上厘清什么是善，什么是恶，只有从根本上对善恶进行抽象分析并划清界限，才能塑造良好的善心、善意。人们关于价值的善、恶知识的形成和产生，同具体事物、同人的生存发展需要、同人脑的思维分解和抽象活动有密切关系。知识丰富的人具有可以迅速判明一个认识对象善恶性质的能力。所以在"至善"的过程中，需要对"善"的知识进行抽象概括，加以正确认识，为履践善行奠定基础。

其次，"至善"是对"善"的践行。在塑造良好的善心、善意以后，将善心、善意付诸实际行动，在实践中加以体现，这就是"至善"。"至善"的本质是"善行"。善行对善在人的思维中的固化及善在实践中的检验十分重要，当实施善行时，个体固有思想会受到社会价值观的冲击，善的方面将越发巩固。所以"向善"就是对善的巩固或纠偏的过程。

最后，"至善"是对"善"的内省与升华。通过甄别什么是善与恶、在善行中巩固或纠偏后，需要对善加以自己的理解和感悟，也就是通过内省的方式对善进行升华。"至善"和"善"也是处于这样的矛盾运动过程中。即，"善"是人对社会存在、社会实践抽象认识后的意识，又通过实践和内省的方式达到"善"的升华，然后再通过善行来检验和纠偏，经过多次的实践检验和内省升华，人们对善的理解和觉悟将不断提高。

就幼儿教育而言，"人之初，性本善"。"乐融"园本课程的"乐以养成"就是引导幼儿在体验中养成良好的心态、良好的行为习惯和良好的个性品质，从而做一个阳光自信、友爱互助、诚实守则的孩子。坚持把"好心态、好习惯、好品质"作为奠基幼儿一生的三大法宝。

(三)"美"与"达美"

"美"字与"善"字一样，属于会意字，而且都从"羊"，羊在中国古代社会是"吉祥"之意，无论在日常食品还是祖先祭祀方面，羊都扮演着重要的角色。羊在古代的地位是六畜之首，可想而知从"羊"的字都体现好的意思。《说文解字》中解释："美，甘也。"后来美这个字不仅用在味觉方面，还用于视觉、听觉等感觉器官方面，视觉方面形容形貌好看漂亮。总的来说"美"是人们对事物的感受，这种感受使人们内心愉悦。

"美"是事物促进和谐发展的客观属性与功能激发出来的主观感受，是这种客观实际与主观感受的具体统一。"审美"是在理智与情感、主观与客观的具体统一上追求真理、追求发展。"达美"是通过主客观的具体统一后，不断日趋完善，达到更好的地步，也就是更接近美的本质和要求。这三者之间的关系是密不可分的。

首先，"美"是"审美"和"达美"的基础。"美"是客观事物的客观属性，而"审美"是人对美的客观属性的反映，"美"的客观属性是不以人的主观愿望改变而改变的，当人们没有抽象出某一客体真实存在的美时，"美"就已存在于客观事物之中，也就是说只有当"美"这种客观属性存在于物种，人们才能通过"审"的途径开展活动，"美"是内容和本质，失去了客观属性的存在，亦即内容的缺失，那么就无"美"可"审"，更不可能逐渐完善，到达美的本质。

其次，"审美"是"美"和"达美"的中介。"审美"是人们对一切事物的美丑作出评判的过程。由此可见，审美是一种主观的心理活动的过程，是人们根据自身对某事物的要求所作出的一种对事物的看法，因此具有很大的主观性。"审美"是一种体验过程，在这种过程中，审美体验作用于审美对象，从物的现象中不断地通过感受理解，让审美主体的感觉器官以美的形象刺激带来不同感官、不同程度的生理上的快感和精神、情感的愉悦，通过联想想象对审美对象加深感受和理解，通过情感活动对审美对象产生美感，通过抽象提炼对美产生理性的思考。审美是完成从"美"到"达美"的，因为只有认识美、发现美，才能去追求美、发到美。

最后，"达美"是"审美"的目标。达即达到、来到，"达美"达到更好的地步，更趋完善的意思。"达美"是过程与结果，是在拥有"美"这一客观存在的前提下，通过感受理解、联想想象、情感活动的统一、抽象提炼和人的实际追求，达到人生对"美"的感悟和践行。"达美"也是人的思想、行动不断向"美"的本质和规律趋同。

就幼儿教育而言，"达美"融于情感，即，"乐融"园本课程的"融以共生"内涵所在。"爱美之心，人皆有之；尚美之道，千古之风"，教育就是对人性"美"的唤醒。尊重幼儿发展的个体差异，支持幼儿在生活中懂得感受与欣赏、表现与创造，引导幼儿做一个语言美、行为美、心灵美的孩子。

第二章 "乐融"园本课程的理念、主张和目标

第一节 "乐融"园本课程的核心理念

核心理念：把唯一的童年留给每个孩子

一、童年本质的探析

有关童年的语言和文字记载着人们对童年的不同解读，其中既有对童年这一生命阶段实体的关注，又或者是对其精神内涵的探析。例如：在《辞海》中，童年被界定为"儿童时期，幼年"，表现为生命体的关键阶段、法律文本中的特殊时期。在生物学家和心理学家的研究中，童年被视为个体由不成熟向成熟转化的过渡时期，儿童被看作一个有待发展的、非理性的、不成熟的"未成年人"。在赏析鲁迅先生的作品时，又会发现童年就是从百草园到三味书屋中的童心、童真、童趣，作者在田野和书院的美好经历构成了整个童年。在解读巴尔扎克的文章时，又了解到童年就是一生最美妙的阶段，那时的孩子是一朵花，也是一颗果子，是一片朦朦胧胧的聪明，一种永远不息的活动，一股强烈的欲望。聚焦到教育领域，这一观点与卢梭的教育思想不谋而合，他充分肯定童年时期的价值，认为儿童的"未成熟"蕴藏着巨大的潜力，童年就是理智的睡眠期。在不同领域的范式下童年有着不同的含义，但通过对不同定义的解析，我们还是可以把童年这个古老而幽远的词语归纳并定义为具有时间性、生物性和社会性的概念：童年是个体身心体智全面发展的幼年时期及其所感知到的所有美好体验和快乐时光。

现如今，很多幼儿的童年时空还正在遭受不同主体的剥夺。首先，电子时代冲破童年和成年的界限。电子媒介的普及模糊了童年和成年的分界线，以往的蝉鸣鸟叫和同伴嬉戏被电子屏幕和数据流量所取代。其次，来自家长的理想负载造成童年时空挤压。部分父母片面认为关注儿童、重视早期教育就是尽可能多地给儿童提供教育资源和教育机会，让儿童赢在人生的起跑线上，但幼儿本该在草地上奔跑的时光却被兴趣班和早教课填满。为了

转变现实困惑与瓶颈，我园致力于幼儿幸福童年的办园探索，进而使幼儿拥有一个完整美好的童年。

二、童年价值的追寻

蒙台梭利认为"儿童是成人之父"，在漫长的人类发展进程中，是儿童创造了成人，儿童是成人的祖先。童年期存在着各种人生发展的关键期，为成人的发展起着奠基作用，一个有意义和价值的童年是成年后一辈子的能量源泉。童年的价值不言而喻，主要表现为：第一，在时间的范畴内，时光的流逝让童年具有了唯一性。拜伦曾感叹到在幸福的年代，谁会拒绝再体验一次童年生活，但他自己也明白"没有办法能使时钟为我敲已经过去了的钟点"。人生这趟单向行驶列车载着我们义无反顾地向前，童年时期只会在人生中出现一次，一旦流逝，便不复存在。就像席勒所说，未来姗姗来迟，现在像箭一样飞逝，而过去永远静立不动。童年时光的绵延和流逝具有永恒的力量，这种力量让童年对于我们每个人来说具有了唯一性和不可复制性，因此每个人的童年都弥足珍贵。第二，在身心发展层面，童年蕴含着个体成长的各种关键期。陈鹤琴先生认为，童年期是人生最重要的一个时期，人的习惯、语言、技能、思想、态度、情绪等都要在此时期打下一个基础，基础打得不牢固，健全的人格就不容易形成。由此我们便知，儿童体质增强、智力提升、思维拓展、人格发展等的关键时期都蕴藏在童年时期，就像苏霍姆林斯基曾说"儿童的心灵是敏感的，它是为着接受一切好的东西而敞开的"，儿童就像是"上帝的种子"，生而具有和谐发展的根基和无限的潜能，我们需要帮助幼儿挖掘、使用和保护好幼儿童年期的这些宝藏。第三，童年是人生的根基与核心，是成人的精神故乡。短短的童年期是生命富有创造力的源泉，童年的经历和回忆会构成人类个体潜意识的重要部分，成为人类发展的后备力量。童年体验有以下性质：纯真美好的、自由快乐的、深刻难忘的，个体的童年经历和记忆已在不知不觉中融入他的生命里，源源不断地给生命提供着能量，从而成为个人发展的坚强后盾，幸运的人在用童年治愈一生，而不幸的人却要用一生去治愈童年。

三、核心理念的生物学基础：童年期的生物适应基础

童年期是人类特殊的发展阶段。在所有的哺乳动物中，人类的童年期是最长的。因此，人类的童年是人类进化的自然结果，是适应人脑高度复杂化和社会经验不断多样化的必然结果。正因为人类有特殊的童年期，才保证了个体大脑的充分发育和足够的学习，以便日后掌握人类社会的丰富的知识和复杂的技能。童年期身心发展的生物学规律是一项最基本的事实，相应地，童年期的教育在遵循这一生物学事实的基础之上，又有极大的可塑性。因此，幼儿教育作为终身教育的起点，必须遵循童年期本身具有的特定价值。刘晓东

教授指出："童年是人生最自然的时期，是天性保存得最完全的时期，是潜在人性内容最完整的时期。正确而适当的教育有助于儿童的茁壮成长，而不恰当的'开发''开掘'则会令其受伤甚至毁灭。就像考古专家意识到的那样，有些极富价值的宝库，但在目前的技术条件下不宜开掘。如果硬性开掘，其结果只能使几千年的文物瑰宝遭受灭顶之灾。童年的宝库也是如此。"

四、核心理念的心理学基础：快乐游戏的童年是幼儿成长的精神动力

幼儿和成人一样，也有追求快乐和享受幸福的欲望和权利。著名的心理分析家弗洛伊德认为健康是生命之本，快乐是生命之源，趋乐避苦是人的本能。"快乐"和"不快乐"原则在弗洛伊德的心理学中是最基本的概念，是否快乐将是自动调节个体"精神贯注"的过程。"精神贯注"在弗洛伊德的写作当中是一个非常重要的术语，弗洛伊德的原义是"全神贯注"或"充满"，弗洛伊德用这个词表示"精神能量的装载"，或者，按后来的说法，是"情感投入"。从创造心理学认为，快乐的情绪体验直接影响一个人的意志、动机、情感甚至个性发展上，它与个体创造潜能的展现存在显著相关。然而，对于幼儿而言，快乐的情绪体验与成人提供的最适合幼儿成长的教育环境直接相关，尤其是营造一个适宜的客观环境和心理环境，这能使幼儿在不知不觉中受到积极的、正向的能量感染和熏陶。良好的心理环境，有助于幼儿积极向上、乐观、自信品质的培养。这些优秀的品质将是幼儿健康成长的基石。顺德机关幼儿园特别重视生活化、游戏化课程的建设，创设丰富适宜的物质环境、营造充满爱的精神环境，让幼儿时刻沉浸其中，乐在其中，自由游戏，抒写其童年的画卷，让自由快乐的游戏点亮孩子的童年。

五、核心理念的教育学基础：童年是教育发生的基本前提

童年是什么？童年意味着人类原初的丰富性，童年总是承载着人类最美好的期望。的确，每个人都有自己的童年，而且也是唯一的。童年是教育发生的一个基本条件。历代先贤无不呼吁把儿童教育植根于"童年的生命"基础之上，纵观中西方教育大家，在夸美纽斯、卢梭、裴斯泰洛齐、福禄培尔、蒙台梭利、杜威、高尔基、陶行知、陈鹤琴等人的教育思想中，贯穿着一个非常明显的逻辑理论，即他们的教育主张是基于儿童的，即以儿童的发展规律作为指导。

卢梭在《爱弥儿》中提出："在万物中人类有人类的地位，在人生中童年期有童年期的地位，所以必须把人当人看待，把儿童当儿童看待。"在这里，卢梭第一次提出了"把儿童当儿童看待"的思想，倡导了"了解儿童，发现童年"，这在儿童观的问题上具有划时代的意义。杜威认为儿童是有能力的、有潜力的、完整的、不断发展的，并提出"做中学，玩

中学"儿童发展观。蒙台梭利在《童年的秘密》中指出:"儿童并不是一个只可以从外表观察的陌生人。更确切地说,童年构成了人生中最重要的一部分,因为一个人是在他的早期就形成的。"高尔基的《童年》更是一部极富教育意义和极大艺术魅力的优秀作品,作者把对童年期深沉的忧患意识同深邃的哲学思考结合起来,展示出光明的未来前景。陶行知针对传统教育出现的弊端,在《创造的儿童教育》一文中提出了"六大解放"的教育思想,旨在让儿童真正成为童年的主人,培养儿童的创造力。"幼教之父"陈鹤琴更是倡导,童年期是一个特殊的阶段,要依据幼儿心理特点施行教育,才会取得良好效果。1989 年联合国教科文组织发布的《儿童权利公约》所传达的是一种全新的儿童观,这种儿童观与传统儿童观的根本区别在于:它不是只重视儿童对于社会的价值,看到儿童因弱小而需要保护的事实,而是把儿童看作有能力的、积极主动的权利主体。在现代社会我们更应该确立这样一种理念:尊重儿童权利不仅是社会文明进步的鲜明标志,同时,尊重儿童权利还是现代教育的立足点,是社会得以和谐发展的基本保证。

六、把唯一的童年留给每个孩子

基于上述分析,本园将"把唯一的童年留给每个孩子"作为办园理念。首先,我们应该珍视每个儿童唯一的童年。盛年不重来,一日难再晨,童年对每个孩子来说都是仅有一次,我们不能像强盗一般剥夺本属于他们自己的人生宝藏,应该把本属于孩子的时间还给他们自己。把握幼儿发展的关键期,让他们能够在成长的时间节点上开出自然美丽的花。把时间和空间留给幼儿,让他们可以在田野里自由快乐地奔跑和游戏,寻找本真的快乐;在优秀的本土传统文化中汲取精神食粮,美化纯洁的灵魂;在丰富有趣的活动中探索、实践,增强体质和培养能力;其次,我们要把教育和爱传递给每个儿童。在这世上,有些孩子先天和普通儿童有差异,还有一些孩子,因为后天因素也和周围的其他儿童有些不同。但这个世界本身就是丰富多元的,孩子当然也可以有自己的特殊性。国务院颁布的《中国儿童发展纲要(2021—2030 年)》中仍明确指出"坚持保障儿童平等发展。创造公平社会环境,消除对儿童一切形式的歧视,保障所有儿童平等享有发展权利和机会"。因此,在教育中我们应该对每个儿童兼容并包,践行全纳教育,给他们一个幸福快乐且完整的童年;最后,我们要用实际的行动留住每个孩子的童年。童年之所以为童年,在于儿童活动、儿童游戏与童年体验,这就需要我们审思教育的责任,引领理性的童年观,挖掘童年资源,倾听儿童话语,黏合童年与成年的对立关系,逐渐构建立足于深厚本土传统文化和自身园所特点的园本课程,以课程为载体,让每个幼儿的幸福童年得以绽放。

第二节 "乐融"园本课程的教育主张

教育主张：根植传统、放眼世界、点亮童年

一、根植传统

中国传统文化是中国文明历史长河的文化积淀，包括了中国历史发展各个时期的文化积累。传统文化是个内涵丰富、外延广阔的概念，是相对于当下文化而言的人类文明活动的所有总和，通过人与自然界之间、人与人之间的互动而形成、积淀并得以传承下来的文化。"根植"是指高等植物茎干下部长在土里的部分，那么，根植传统，顾名思义就是把传统文化当作需要发展的内容的根本，以夯实内容的基础，茁壮发展。顺德机关幼儿园以传统文化为课程之根，把顺德本土传统文化嵌入课程之中。

首先，顺德传统文化具有重要的教育价值。《完善中华优秀传统文化教育指导纲要》颁布后，强调中华优秀传统文化"三进"（进教材、进课堂、进头脑）工作已经成为教育部门的重要工作内容之一，以此体现了中华优秀传统文化的教育意义。同时，广东省第十三次党代会报告中强调要大力传承弘扬中华优秀传统文化，实施岭南文化"双创"工程。在省第十三次党代会精神引领下，佛山市在召开第十三次党代会中提出要成为岭南文化的领军羊，使其焕发新活力的要求。而顺德作为岭南文化的文脉传承之地，为深入贯彻落实省、市党代会提出的"岭南文化"工作目标，顺德区第十四次党代会指出，要着力打造优秀传统文化传承发展的"标杆"，深入挖掘粤剧、龙舟、武术、美食等分类的顺德特色潮文化资源。可见，顺德传统文化教育以国家政策文件为出发点和依据，以岭南文化为立足点，提升顺德传统文化品质，充分发挥其教育价值。

传统文化给我们提供了多姿多彩的教育资源，我们应对其加以利用，充分使其融入教育，发挥其育人功能。佛山顺德，位于珠三角平原中部，居岭南广府文化腹地，从南越鱼耕、明代置县一路走来，积淀了深厚的岭南文化，蕴藏了丰富的历史文化、民俗传统、建筑风貌等特色资源可以为教育所使用。例如，岭南建筑作为岭南文化的重要载体，其境内的清晖园、碧江金楼、西山庙、逢简水乡、宗祠等，是古代岭南建筑文化和南国水乡风光的杰出代表，更是岭南文化的精髓所在；此外，顺德还是粤曲、粤剧的发源地之一，名伶辈出，被全国曲艺协会评为"中国粤剧曲艺之乡"，是教育资源之一；精彩的传统民间文体艺术活动是顺德的一张名片，也是重要的教育资源，拥有舞狮舞龙、划龙舟、武术等民俗体育运动。特别是顺德龙舟有着悠久的历史，在其发展过程中，它继承了岭南传统文化的特色与个性，兼容了中原文化的内容，逐渐形成了顺德广大群众喜闻乐见的民俗体育运动，发展成"团结合作，奋勇拼搏，一往无前"的龙舟精神，更升华为顺德精神，顺德也由此获得了"全国龙舟之乡"的称誉；同时，顺德集齐了全广东美食的精华，是世界上公认的六大美食之都之一，更是粤菜的发源地，《舌尖上的中国》很多素材都选择于此，也具有丰富的教育资源。幼儿园将顺德民间传统游戏融合于教育活动中，在一定程度上调整和改善了幼儿园的游戏结构，丰富了游戏内容。同时顺应儿童身心自然发展尽可能使儿童保持天生的自然状态，满足儿童对游戏的需要，促进他们全方位和谐地发展。诸多本土资源为本园根植传统的教育主张提供重要前提条件。

其次，顺德传统文化较容易融入幼儿园课程。从传统文化的资源来看，顺德的美食、顺德的语言、顺德的民间文体艺术活动和传统节日具有很多可以挖掘的教育资源，可以更好地满足教师的对课程素材的需要，同时提升了教师实施传统文化课程的积极性。从传统文化的表现形式来看，例如美食、语言、粤剧、传统节日、传统服装、民间习俗等易于用不同的课程实施方式在幼儿园开展，如视频、图片、绘本、故事、手工、环创、游戏，用多样的形式展示可以增加儿童学习传统文化的兴趣，获得更好的实施效果。从传统文化的实施效果来看，幼儿的认知还未完全形成，相较于已形成认知的人们而言，幼儿能够更好地接受传统文化带来的良好品质和教育意义，利于幼儿的文化认同，从而拥有快乐的童年生活，为幼儿一生的发展奠定基础。

二、放眼世界

放眼世界即我们不仅要根植于传统文化，把眼光聚焦于本土文化，也要把视角延伸到外来多元文化，学习别人的长处和优点为己所用，做到基于传统，融入世界，面向未来。首先，多元文化背景下中外幼儿教育思想具有互补性。随着全球化的推进，当今世界各国的联系不断加强，相互依赖程度不断加深，由于地理环境、历史背景、发展过程、民族文化等因素的不同，中西方教育又各自呈现出不同的特点，各有所长，存在着巨大的互补性，因此对于教育文化的发展呈现出多元化的现状，我们要学会立足于中华传统文化的同时，吸收借鉴优秀的外来文化；其次，优秀的外来教育思想自身对我们的幼儿教育具有借鉴价值。在课程理念上，我国教育学者多次对近现代国外教育学家思想借鉴和引用，也以此促进了我国学前教育的发展。例如：陶行知、陈鹤琴对杜威"教育即生活"的教育思想的引用，很大程度上推进了我国学前教育的发展；另外，蒙台梭利的课程模式至今也被我国的很多幼儿园和幼儿机构采用，一定程度上促进了我国在学前教育方面的进步与成长。在教育内容上，多元文化的趋势为当代幼儿提供了更丰富的知识体验，拓宽了眼界、更新了观念。为此，我们需要立足于中国传统的基础上，学习、借鉴、吸取西方教育的精华，适应世界教育发展的潮流，积极探索具有中国特色的未来教育。

三、点亮童年

童年时期是人认知、情感、行为、性格基本形成的时期，是儿童养成礼貌、有爱、帮助、分享、谦让等良好社会性行为和人格品质的重要时期。蒙台梭利提出：学前儿童正经历各种敏感期，更易于学习某些知识和技能。可见，童年是人的一生中经历的第一个阶段，也是人生最重要的时期，可以说是奠定人们生活的基础，对人一生的发展具有无法替代的价值。为此，我们应对每一个幼儿的童年负责，使其能拥有美好的人格品质和能力素养以实现自己完满的人生。

我们有机融合传统文化和外来文化，基于根植传统、放眼世界的教育路径，促进幼儿各领域的发展，丰富幼儿的认知和情感，培养幼儿良好的行为习惯，形成幼儿美好的人格品质。点亮幸福童年需要我们多方联动，对幼儿园来讲，我们应坚持党和国家的领导，在幼儿教育中注重传统文化的传承和发展，以及对优秀外来文化的吸取和借鉴；于幼儿园教师而言，幼儿教师需要提升自身的专业素养，关注幼儿的全面发展、扎根幼儿的生活、创设温馨氛围，为幼儿的幸福童年保驾护航；就家长来讲，家长支持幼儿园的教育教学工作，提高自身对育儿的认知与能力，形成家园共育的良好互动，以此各界联动，点亮幼儿的幸福童年，拥有一生的快乐生活。

第三节　"乐融"园本课程的培养目标

培养目标：真、善、美、玩、乐、创的完整儿童

培养"完整儿童"的教育新观念已成为当今全球性幼儿教育的共同走向，"完整儿童"即全面发展的儿童。"完整儿童"的指导思想源于全人教育（Holistic Education）理论，其核心理念是人的全面发展，指基于儿童的发展需要与学习顺序，以各类儿童适宜的教育活动为途径，培养全面均衡发展的"完整"儿童。"全人教育"是一种整合以往"以社会为本"与"以人为本"的两种教育观点，形成既重视社会价值，又重视人的价值的教育新理念。强调教育的范畴应该是整体性的、全面性的，同时考虑到受教育者的发展学习需要与顺序，这样培养出来的学习者才能在心智及体魄等方面得到健全均衡的发展。日本教育家小原国芳提出：理想的教育应包含人类的全部文化，理想的人应是全人，应具备全部人类的文化，培养真（学问）、善（道德）、美（艺术）、圣（宗教）、健（身体）、富（生活）全面发展的人，即学问的理想在于真，道德的理想在于善，艺术的理想在于美，宗教的理想在于圣，身体

的理想在于健，生活的理想在于富。美国心理学家罗杰斯认为，全人教育即以促进学生认知素质、情意素质全面发展和自我实现为教学目标的教育。在罗杰斯的教育理想中，他想培养的是"躯体、心智、情感、心力融为一体"的人，也就是既用情感的方式思考又用认知的方式行事的知情合一的"完人"或者"功能完善者"。我国著名教育家王国维在《论教育之宗旨》中提出"教育之宗旨"在于培养"完全之人物而已"，所谓"完全之人物"即是指一种能力全面、和谐发展的人才。他指出"完全之人是精神和身体两种能力全面和谐发展的人，其中精神能力包括了智力、情感和意志"。知，引导人求真；情，引发人求美；意，激励人求善。可以说，培养"完全之人"，就是对人类真、善、美的理想，是境界和完美人格的追求。上述几位学者的观点可以看到全人教育不仅让学习者学习到各种知识，还要接受道德与正确的生命价值观念，更重要的是拥有追求"真、善、美"的人生目标。

顺德机关幼儿园培养目标的设计结合《幼儿园教育指导纲要》《3—6岁儿童学习与发展指南》，基于全人教育理念，体现完整儿童的"真善美"与全人教育追求的境界相契合，同时通过"玩乐创"相统一的应然状态把握幼儿教育活动的理想境界。"真善美""玩乐创"，构成完整的一个圆，任何一个都不可或缺，构成完整儿童的二向度。"真善美"构成了完整儿童的内容维度，即求"真"，至"善"，达"美"；"玩乐创"构成了完整儿童的状态维度，即培养幼儿慧"玩"，"乐"学，善"创"。内容维度上促进幼儿完整的认知发展，完整的人格发展，完整生活中情感、意志、想象、道德的和谐发展；状态维度上，培养具有鲜明、丰富、活跃、快乐的个性活力，具有创造力、好奇心，敢于提出问题，善于解决问题的完整儿童。

一、内容维度

(一)真

幼儿的"真"表现为幼儿天性、个性、社会性的纯真、童真、真知、真实、真性情、真诚等本真状态，幼儿对周围环境的好奇、观察、操作、提问等体现了幼儿对真的追求，认"真"、求"真"、辨"真"，构成"真"的完整内涵。幼儿的"真"是顺其童心从深层次发展的，是在本真中探究、在童真中成长、在真知中提升、在真实中共进，在真游戏中进行真深度的学习，从而做一个具纯真、有童真、爱观察、爱思考、爱探究的"真"孩子。

(二)善

"人之初，性本善"，孩子们都是善良的。幼儿本身即为"善"，幼儿的心地、行为、品行、身上积极的因素皆为善。幼儿的善行、善举、善意、善念、善心、善良是其善的体现。在友爱的环境、和谐的人际关系中，能引起幼儿的仁慈、善良、同情和宽厚之心，引起一切善的热情。因此，需要让幼儿在相互友善的交往中，激励幼儿知善、爱善、行善，学会常怀爱人之心、常存为善之念、常有行善之举，从而做一个阳光自信、友爱互助、仁慈善良、诚实守则的友"善"孩子。

(三)美

《3—6岁儿童学习与发展指南》指出："每个幼儿心里都有一颗美的种子。"幼儿对美的敏感性很强，能够感知美、欣赏美的事物，形成自己的美的观念。幼儿本身就是一种美的存在，幼儿身上的美是纯天然的，听见音乐时的手舞足蹈、涂鸦时的全神贯注，愉悦时不由自主的歌唱，与人交往间的美好行为品质，无不体现了幼儿对于美的追求。幼儿以美的方式存在，以美的方式交往、生活、成长。因此，需引导幼儿以美启真，以美储善，去感受与欣赏、表现与创造美，把世界的外在美内化为幼儿个体的内在美，做一个形象美、语言美、行为美、心灵美的全面和谐发展的最"美"孩子。

二、状态维度

(一)玩

"玩"，是幼儿的天性，对于孩子来说，玩既是他们生活的主要方式，又是他们学习和活动的方法，更是他们的"生命"。幼儿通过"玩"体验内心和谐快乐，丰富情感世界，同时舒展身体，认识外部世界，幼儿在"玩"的过程中渗透幼儿身心发展的契机和价值。玩是一件看起来简单而又快乐的事，但需要让孩子有一颗"慧"玩之心，在智慧的玩耍中玩出智慧，在玩中拥有别样的智慧，在玩中产生想象力与创造性，在玩中生活，在玩中学习，在玩中成长。

(二)乐

"乐"是实现儿童完整发展的途径和条件，它并不只是字面上的快快乐乐、表面上的热热闹闹，而是一个过程、一种追求——对成长的向往，喜欢活动，在活动中成长；也是一个结果、一种状态——在活动中获得快乐，在快乐中实现成长；更是一种境界、一种态度——积极乐观，对游戏乐，对学习乐，对生活乐。乐学就是要让幼儿在学习生活中发现、体验快乐，激发无限想象；感受、享受快乐，多样表达、交流、分享快乐；主动参与、自主探究，追求、创造快乐。在乐学中快乐生活、快乐游戏、快乐体验、快乐成长。

（三）创

"创"特指幼儿的创造。对幼儿来说，创造不等于发明，不等于制造出"新产品"，而是意味着一种对任何事物都抱有的"敏感"，一种了解和接触新事物的"心向"。陶行知先生指出"儿童是新时代的创造者"，儿童的创意是无限的，我们需要让幼儿保持这种敏感和心向，萌发幼儿喜欢创造的情感、乐于创造的动机，满足其探索创新活动获得的愉悦，在生活、游戏中创意学习，走过一条由"愿"创到"会"创，再到"善"创的循环上升之路，即由具有实践创新意识到掌握创新方法，再到养成实践创新品格。让幼儿愿创、乐创、会创，从而创新、创造、创美。

第四节 "乐融"园本课程的课程理念

课程理念：乐以养成、融以共生

一、乐、融的词源分析：

（一）"乐"字阐释

"乐"字初义关系到上古时期音乐的滥觞及农耕民族特有的因丰收而迸发的喜悦的情感状态。从字源上溯其本源，据《说文解字》："♫，五声八音总名，象鼓鞞。木，虡也。"从"五声八音"以及"象鼓鞞"可窥探"乐"的本意指音乐、器乐。但在古汉语中，"乐"除了读"yue"，另一个围绕快乐之"乐（le）"形成的庞大义群也不容忽视。在最早的辞书《尔雅》中，"乐"也作"快乐"解，如书中对一组与快乐有关的字所作通释："怡、怿、悦、衎、喜、愉、豫、恺、康、媅、般，乐也。"除此之外，现代有学者从字形上联结远古先民们生活原型重新阐释"乐"，解释道："乐作♫，其中'幺'是谷穗类粮食的象征"，"乐"字从二"幺"，象征谷穗累累，"乐"字充分表达了先民们农耕收获后的快乐喜悦之情。同样地，也有学者将♫描绘为："一个人举着丰收的谷穗跳舞，充满收获之喜，就是乐。"除此之外，"乐"还表顺应和谐、兴趣喜好等意。《易·系辞上》说："乐天知命，故不忧。"意思是说，如果人们顺应自然规律，领悟生命的本质，就会快乐无忧，"乐"字在此表示顺应和谐之意。可见，"乐"初义既指音乐、乐器，又指先民们农耕收获后的欣喜之情，随着"乐"字不断被深入挖掘，其还被诠释为"顺应、和谐、喜好、乐趣"等多重意义。

（二）"融"字分析

《说文解字》上说："融，炊气上出也。从鬲，虫省声。"三足烹饪器具是鬲之范式。鬲、虫两范式叠加，炊气上出而熔合销化是融之范式。"融"是会意兼形声字。甲骨文下从土，上从蟲，会冰雪消融、春气升腾，蛰虫蠢动之意。金文大致相同。隶变后楷书写作"融"。本义：固体受热变软或化为流体。如：融化、融解、消融。衍义：引申指"调合、和谐"。如：融合、融洽、融汇贯通、其"乐融"融。

二、乐以养成的内涵诠释

乐以养成体现在四个方面："养身"是指要遵从幼儿的身心发展特点，顺应社会要求，让幼儿养成健康的体态，具有一定的运动能力，具有感觉统合协调能力，拥有生活自理能力，养成喜欢运动的好习惯，不断提高身体素质。当前社会对人才提出较高的要求，其中最为基础的就是健康的身体。幼儿时期是幼儿生长发育的关键阶段，科学合理的运动，有助于增强幼儿身体各个系统机能的健康发育，促进幼儿全面发展。因此，从幼儿开始进行体能锻炼十分有必要，为促进幼儿身心健康发展奠定良好基础；"养心"是指幼儿情绪稳定，具有情绪调节的能力，有较好的适应能力，拥有一定的元认知能力，并具备自我保护意识，能够与同伴良好交往。幼儿的情绪具有不稳定的特点，如果情绪得不到很好的控制则会影响幼儿学习，而积极的情绪可以促进幼儿大脑的活跃，反应更加敏捷，因此，培养幼儿的情绪调节能力至关重要。此外，《纲要》提出，在发展幼儿身体、培养幼儿良好情绪的同时，更要注重对幼儿社会适应能力的培养。适宜的社会性教育能有效促进儿童社会适应、爱心、责任感、自信心和合作精神等社会性人格品质的发展；"养性"是指具有修养性情的意识，注重良好个性的培养，形成稳定的个性特征，强调修养身心，涵养天性。良好的个性品质是促进幼儿身心健康发展的重要的心理因素。培养幼儿良好的个性，是遵循教育规律和幼儿身心发展特点的要求；"养德"是指幼儿具有初步的道德认知，具有判断是非善恶的能力，爱自己、爱他人、爱学校、爱国家，以仁爱至善为本，乐于交往，友好互助，具备良好的品德行为。幼儿时期是孩子道德养成的重要时期，幼儿道德教育不仅对其一生有着深刻的影响，而且也对社会的和谐发展起着重要的推动作用。有意识地培养幼儿的道德意识，养成良好的品德行为至关重要。

三、融以共生的内涵诠释

融合要形成共生意识，传递共生文化，与幼儿的生活、生命结合。融以共生体现在：（1）融合传统文化，将传统文化带入幼儿的生活中。几千年的优秀传统文化是中华民族精神的体现，影响了一代代中国人。将传统文化融入幼儿生活环境，渗透到一日生活环节之中，让幼儿从小接触、感受丰富的传统文化，对幼儿人格的塑造、美德的形成有重要作用，为幼儿一生的发展奠定良好基础。为此，我们主要以本土的传统文化为主，如顺德民间艺术、顺德饮食文化、顺德方言等，将这些传统文化融入幼儿一日生活之中。生活中处处蕴藏着教育的机会，从幼儿一日生活捕捉教育的契机，让传统文化教育走进幼儿一日生活中的点点滴滴，使得课程内容与幼儿的生活背景具有一致性。(2)融合儿童的个体差异，践行融合教育，关注、接纳特殊儿童。充分发挥儿童的主体性，尊重差异性为出发点，尊重每个生命个体，让他们在生活中共同学习和生活，培养幼儿的共生意识；这里的共生传递着和谐、尊重、包容、同情等价值理念对幼儿的发展的重要意义，它能引导孩子们以平等的、不带偏见的眼光看待人和事，形成健全的人格。开展学前融合教育能够满足特殊儿童的个性需求，还能培养普通儿童爱心、同理心、助人为乐的精神，使他们在日常生活中共同发展，共同进步。(3)融合多元视角、放眼世界。当今世界处在一个经济一体化和文化多元化的时代背景中，教育国际化已成为许多国家教育发展的共同趋势，"国际化"有助于学习他国的文化精华，并把我们的特色文化推出国门，加强国际合作。为此，我们以开放的视角，培养幼儿的国际视野，在幼儿园课程中的多元文化教育上帮助幼儿认识和了解本民族文化的根基，尊重其他文化的多样性，认同其他文化的差异性，发现文化的共同性和相互依存性，求同存异，共同发展。融以共生并不是简单地将传统文化、个体差异等融合在一起，而是体现并传达着共生文化，"共生文化"是以一种全新的视野来探究如何进行幼儿园课程的建设。幼儿的生活为课程提供素材，课程为幼儿的发展保驾护航，强调课程的多元融合与幼儿的生命生活是紧紧联系在一起的共同体。

第三章 "乐融"园本课程的结构与内容

第一节 "乐融"园本课程目标

"乐融"课程的目标：以乐润心、以融生智；以乐达美、以融显合

"乐融"课程的目标为以乐润心、以融生智；以乐达美、以融显合。通过"乐融"课程的实施促进幼儿身心和谐健康发展、提升幼儿语言能力、提高幼儿认知能力、培养幼儿审美创美能力、锻炼幼儿社会交往能力。通过"乐融"课程的实施深度融合五大领域，倡导幼儿在健康领域中健康快乐有个性；在语言领域中善倾听，能表达；在科学领域中好奇、好问、爱想象；在艺术领域中善于发现美、表达美、创造美；在社会领域中文明、合作、会交往。

一、以乐润心

"心"是区别于"身"又藏于身中的东西，"完整"的"心"主要包括身体健康和心理健康。"以乐润心"是指着眼于幼儿的身心健康发展，通过营造安全有序、愉悦温馨、快乐舒适的环境，润泽幼儿身心，滋养幼儿强健的体魄、健康的心灵，把健康快乐的童年留给每个孩子，让每位孩子快乐、健康地成长。

二、以融生智

"智"是"知"加上"日"，其中包括两层含义：其一，知"太阳"：太阳为世界之阳，生命之源，知世界，知万物；其二，知"时日"：生命的历程是不断发展的，知万物就当知其变化，知时日便是知生命、知变化、知发展。因此，在融合科学知识、传统文化、世界多元文化的学习中，幼儿知世界、知万物、知生命、知发展，从而由知生智。"智"通"知"，"知"蕴含着"矢"与"口"，表现为把变化发展着的事物通过语言表达清楚。人类文明多样性赋予了这个世界姹紫嫣红的色彩，多样带来交流，交流孕育融合，融合产生进步。"知

有所合谓之智"，有效融合传统文化和世界多元文化、科学与语言，让幼儿在多元化的体验中共享传统文化魅力，把握知识的融会贯通，浸润幼儿心灵，培养幼儿品质，发展幼儿能力，做到"以融生智"。

三、以乐达美

"乐融"课程以乐为纽带，让幼儿在自然、生态、温馨快乐的环境中体验美、发现美和创造美，使幼儿乐生活、乐沟通、乐审美、乐探索，能够感受并喜欢生活、环境和艺术中的美，激发审美情趣、体验审美愉悦和发挥创作潜能，感受艺术带来的成就感和快乐，使幼儿在轻松愉悦中达到美的发展。

四、以融显合

幼儿在"融"文化的滋养中，以积极的处世态度与融和的处世方式来融入集体和社会，相依共生，适应变化，谋求发展。"乐融"课程倡导"融"文化风尚，引导幼儿融入生活，学会生活，学会交往，学会合作；引领幼儿听、看、学、做，真正让他们走出课堂，走进社会，从而领悟和传承优秀传统文化的精髓；通过社会需求与人本需求的融合，传统文化与世界多元文化的融合，让幼儿在融合中发展，融通中进取，融合中创新，让幼儿的童年回归真实、完整、和谐。

五、年龄阶段发展目标(详见表1)

表1 "乐融"课程阶段目标

		3~4 岁	4~5 岁	5~6 岁
以乐润心	1. 具有健康的体态	1. 身高和体重适宜。参考标准： 男孩： 身高：94.9~111.7 厘米 体重：12.7~21.2 公斤 女孩： 身高：94.1~111.3 厘米 体重：12.3~21.5 公斤 2. 在提醒下能自然坐直、站直	1. 身高和体重适宜。参考标准： 男孩： 身高：100.7~119.2 厘米 体重：14.1~24.2 公斤 女孩： 身高：99.9~118.9 厘米 体重：13.7~24.9 公斤 2. 在提醒下能保持正确的站、坐和行走姿势	1. 身高和体重适宜。参考标准： 男孩： 身高：106.1~125.8 厘米 体重：15.9~27.1 公斤 女孩： 身高：104.9~125.4 厘米 体重：15.3~27.8 公斤 2. 经常保持正确的站、坐和行走姿势

续表

		3~4 岁	4~5 岁	5~6 岁
以乐润心	2. 情绪安定愉快	1. 情绪比较稳定，很少因一点小事哭闹不止 2. 有比较强烈的情绪反应时，能在成人的安抚下逐渐平静下来	1. 经常保持愉快的情绪，不高兴时能较快缓解 2. 有比较强烈情绪反应时，能在成人提醒下逐渐平静下来 3. 愿意把自己的情绪告诉亲近的人，一起分享快乐或求得安慰	1. 经常保持愉快的情绪，知道引起自己某种消极情绪的原因，能努力缓解 2. 表达情绪的方式比较适度，不乱发脾气 3. 能随着活动的需要转换情绪和注意
	3. 具有一定适应能力	1. 能在较热或较冷的户外环境中活动 2. 换新环境时情绪能较快稳定，睡眠、饮食基本正常 3. 在帮助下能较快适应集体生活	1. 能在较热或较冷的户外环境中连续活动半小时左右 2. 换新环境时较少出现身体不适 3. 能较快适应人际环境中发生的变化，如换了新老师能较快适应	1. 能在较热或较冷的户外环境中连续活动半小时以上 2. 天气变化时较少感冒，能适应车、船等交通工具造成的轻微颠簸 3. 能较快融入新的人际关系环境。如换了新的孩子园或班级能较快适应
	4. 具有一定的平衡能力，动作协调、灵敏	1. 能沿地面直线或在较窄的低矮物体上走一段距离 2. 能双脚灵活交替上下楼梯 3. 能身体平稳地双脚连续向前跳 4. 分散跑时能躲避他人的碰撞 5. 能双手向上抛球	1. 能在较窄的低矮物体上平稳地走一段距离 2. 能以匍匐、膝盖悬空等多种方式钻爬 3. 能助跑跨跳过一定距离，或助跑跨跳过一定高度的物体 4. 能与他人玩追逐、躲闪跑的游戏 5. 能连续自抛自接球	1. 能在斜坡、荡桥和有一定间隔的物体上较平稳地行走 2. 能以手脚并用的方式安全地爬攀登架、网等 3. 能连续跳绳 4. 能躲避他人滚过来的球或扔过来的沙包 5. 能连续拍球
	5. 具有一定的力量和耐力	1. 能双手抓杠悬空吊起 10 秒左右 2. 能单手将沙包向前投掷 2 米左右 3. 能单脚连续向前跳 2 米左右 4. 能快跑 15 米左右 5. 能行走 1 公里左右（途中可适当停歇）	1. 能双手抓杠悬空吊起 15 秒左右 2. 能单手将沙包向前投掷 4 米左右 3. 能单脚连续向前跳 5 米左右 4. 能快跑 20 米左右 5. 能连续走 1.5 公里左右（途中可适当停歇）	1. 能双手抓杠悬空吊起 20 秒左右 2. 能单手将沙包向前投掷 5 米左右 3. 能单脚连续向前跳 8 米左右 4. 能快跑 25 米左右 5. 能连续行走 1.5 公里以上（途中可适当停歇）

		3~4 岁	4~5 岁	5~6 岁
以乐润心	6. 手的动作灵活协调	1. 能用笔涂涂画画 2. 能熟练地用勺子吃饭 3. 能用剪刀沿直线剪，边线基本吻合	1. 能沿边线较直地画出简单图形，或能将边线基本对齐地折纸 2. 会用筷子吃饭 3. 能沿轮廓线剪出由直线构成的简单图形，边线吻合	1. 能根据需要画出图形，线条基本平滑 2. 能熟练使用筷子 3. 能沿轮廓线剪出由曲线构成的简单图形，边线吻合且平滑 4. 能使用简单的劳动工具或用具
	7. 具有良好的生活与卫生习惯	1. 在提醒下，按时睡觉和起床，并能坚持午睡 2. 喜欢参加体育活动 3. 在引导下，不偏食、挑食。喜欢吃瓜果、蔬菜等新鲜食品 4. 愿意饮用白开水，不贪喝饮料 5. 不用脏手揉眼睛，连续看电视等不超过 15 分钟 6. 在提醒下，每天早晚刷牙、饭前便后洗手	1. 每天按时睡觉和起床，并能坚持午睡 2. 喜欢参加体育活动 3. 不偏食、挑食，不暴饮暴食。喜欢吃瓜果、蔬菜等新鲜食品 4. 常喝白开水，不贪喝饮料 5. 知道保护眼睛，不在光线过强或过暗的地方看书，连续看电视等不超过 20 分钟 6. 每天早晚刷牙、饭前便后洗手，方法基本正确	1. 养成每天按时睡觉和起床的习惯 2. 能主动参加体育活动 3. 吃东西时细嚼慢咽 4. 主动饮用白开水，不贪喝饮料 5. 主动保护眼睛。不在光线过强或过暗的地方看书，连续看电视等不超过 30 分钟 6. 每天早晚主动刷牙，饭前便后主动洗手，方法正确
	8. 具有基本的生活自理能力	1. 在帮助下能穿脱衣服或鞋袜 2. 能将玩具和图书放回原处	1. 能自己穿脱衣服、鞋袜、扣钮扣 2. 能整理自己的物品	1. 能知道根据冷热增减衣服 2. 会自己系鞋带 3. 能按类别整理好自己的物品
	9. 具备基本的安全知识和自我保护能力	1. 不吃陌生人给的东西，不跟陌生人走 2. 在提醒下能注意安全，不做危险的事 3. 在公共场所走失时，能向警察或有关人员说出自己和家长的名字、电话号码等简单信息	1. 知道在公共场合不远离成人的视线单独活动 2. 认识常见的安全标志，能遵守安全规则 3. 运动时能主动躲避危险 4. 知道简单的求助方式	1. 未经大人允许不给陌生人开门 2. 能自觉遵守基本的安全规则和交通规则 3. 运动时能注意安全，不给他人造成危险 4. 知道一些基本的防灾知识

		3~4 岁	4~5 岁	5~6 岁
以融生智	1. 认真听并能听懂常用语言	1. 别人对自己说话时能注意听并作出回应 2. 能听懂日常会话	1. 在群体中能有意识地听与自己有关的信息 2. 能结合情境感受到不同语气、语调所表达的不同意思 3. 方言地区和少数民族幼儿能基本听懂普通话	1. 在集体中能注意听老师或其他人讲话 2. 听不懂或有疑问时能主动提问 3. 能结合情境理解一些表示因果、假设等相对复杂的句子
	2. 愿意讲话并能清楚地表达	1. 愿意在熟悉的人面前说话,能大方地与人打招呼 2. 基本会说本民族或本地区的语言 3. 愿意表达自己的需要和想法,必要时能配以手势动作 4. 能口齿清楚地说儿歌、童谣或复述简短的故事	1. 愿意与他人交谈,喜欢谈论自己感兴趣的话题 2. 会说本民族或本地区的语言,基本会说普通话。少数民族聚居地区幼儿会用普通话进行日常会话 3. 能基本完整地讲述自己的所见所闻和经历的事情 4. 讲述比较连贯	1. 愿意与他人讨论问题,敢在众人面前说话 2. 会说本民族或本地区的语言和普通话,发音正确清晰。少数民族聚居地区幼儿基本会说普通话 3. 能有序、连贯、清楚地讲述一件事情 4. 讲述时能使用常见的形容词、同义词等,语言比较生动
	3. 具有文明的语言习惯	1. 与别人讲话时知道眼睛要看着对方 2. 说话自然,声音大小适中 3. 能在成人的提醒下使用恰当的礼貌用语	1. 别人对自己讲话时能回应 2. 能根据场合调节自己说话声音的大小 3. 能主动使用礼貌用语,不说脏话、粗话	1. 别人讲话时能积极主动地回应 2. 能根据谈话对象和需要,调整说话的语气 3. 懂得按次序轮流讲话,不随意打断别人 4. 能依据所处情境使用恰当的语言。如在别人难过时会用恰当的语言表示安慰
	4. 喜欢听故事,看图书	1. 主动要求成人讲故事、读图书 2. 喜欢跟读韵律感强的儿歌、童谣 3. 爱护图书,不乱撕、乱扔	1. 反复看自己喜欢的图书 2. 喜欢把听过的故事或看过的图书讲给别人听 3. 对生活中常见的标识、符号感兴趣,知道它们表示一定的意义	1. 专注地阅读图书 2. 喜欢与他人一起谈论图书和故事的有关内容 3. 对图书和生活情境中的文字符号感兴趣,知道文字表示一定的意义

续表

		3~4 岁	4~5 岁	5~6 岁
以融生智	5. 具有初步的阅读理解能力	1. 能听懂短小的儿歌或故事 2. 会看画面，能根据画面说出图中有什么，发生了什么事等 3. 能理解图书上的文字是和画面对应的，是用来表达画面意义的	1. 能大体讲出所听故事的主要内容 2. 能根据连续画面提供的信息，大致说出故事的情节 3. 能随着作品的展开产生喜悦、担忧等相应的情绪反应，体会作品所表达的情绪情感	1. 能说出所阅读的幼儿文学作品的主要内容 2. 能根据故事的部分情节或图书画面的线索猜想故事情节的发展，或续编、创编故事 3. 对看过的图书、听过的故事能说出自己的看法 4. 能初步感受文学语言的美
	6. 具有书面表达的愿望和初步技能	1. 喜欢用涂涂画画表达一定的意思	1. 愿意用图画和符号表达自己的愿望和想法 2. 在成人提醒下，写写画画时姿势正确	1. 愿意用图画和符号表现事物或故事 2. 会正确书写自己的名字 3. 写画时姿势正确
	7. 亲近自然，喜欢探究	1. 喜欢接触大自然，对周围的很多事物和现象感兴趣 2. 经常问各种问题，或好奇地摆弄物品	1. 喜欢接触新事物，经常问一些与新事物有关的问题 2. 常常动手动脑探索物体和材料，并乐在其中	1. 对自己感兴趣的问题总是刨根问底 2. 能经常动手动脑寻找问题的答案 3. 探索中有所发现时感到兴奋和满足
	8. 具有初步的探究能力	1. 对感兴趣的事物能仔细观察，发现其明显特征 2. 能用多种感官或动作去探索物体，关注动作所产生的结果	1. 能对事物或现象进行观察比较，发现其相同与不同 2. 能根据观察结果提出问题，并大胆猜测答案 3. 能通过简单的调查收集信息 4. 能用图画或其他符号进行记录	1. 能通过观察、比较与分析，发现并描述不同种类物体的特征或某个事物前后的变化 2. 能用一定的方法验证自己的猜测 3. 在成人的帮助下能制定简单的调查计划并执行 4. 能用数字、图画、图表或其他符号记录 5. 探究中能与他人合作与交流

		3~4 岁	4~5 岁	5~6 岁
以融生智	9. 在探究中认识周围事物和现象	1. 认识常见的动植物，能注意并发现周围的动植物是多种多样的 2. 能感知和发现物体和材料的软硬、光滑和粗糙等特点 3. 能感知和体验天气对自己生活和活动的影响 4. 初步了解和体会动植物和人们生活的关系	1. 能感知和发现动植物的生长变化及其基本条件 2. 能感知和发现常见材料的溶解、传热等性质或用途 3. 能感知和发现简单物理现象，如物体形态或位置变化等 4. 能感知和发现不同季节的特点，体验季节对动植物和人的影响 5. 初步感知常用科技产品与自己生活的关系，知道科技产品有利也有弊	1. 能察觉到动植物的外形特征、习性与生存环境的适应关系 2. 能发现常见物体的结构与功能之间的关系 3. 能探索并发现常见的物理现象产生的条件或影响因素，如影子、沉浮等 4. 感知并了解季节变化的周期性，知道变化的顺序 5. 初步了解人们的生活与自然环境的密切关系，知道尊重和珍惜生命，保护环境
	10. 初步感知生活中数学的有用和有趣	1. 感知和发现周围物体的形状是多种多样的，对不同的形状感兴趣 2. 体验和发现生活中很多地方都用到数学	1. 在指导下，感知和体会有些事物可以用形状来描述 2. 在指导下，感知和体会有些事物可以用数来描述，对环境中各种数字的含义有进一步探究的兴趣	1. 能发现事物简单的排列规律，并尝试创造新的排列规律 2. 能发现生活中许多问题都可以用数学的方法来解决，体验解决问题的乐趣
	11. 感知和理解数、量及数量关系	1. 能感知和区分物体的大小、多少、高矮长短等量方面的特点，并能用相应的词表示 2. 能通过一一对应的方法比较两组物体的多少 3. 能手口一致地点数 5 个以内的物体，并能说出总数。能按数取物 4. 能用数词描述事物或动作。如我有 4 本图书	1. 能感知和区分物体的粗细、厚薄、轻重等量方面的特点，并能用相应的词语描述 2. 能通过数数比较两组物体的多少 3. 能通过实际操作理解数与数之间的关系，如 5 比 4 多 1；2 和 3 合在一起是 5 4. 会用数词描述事物的排列顺序和位置	1. 初步理解量的相对性 2. 借助实际情境和操作（如合并或拿取）理解"加"和"减"的实际意义 3. 能通过实物操作或其他方法进行 10 以内的加减运算 4. 能用简单的记录表、统计图等表示简单的数量关系

续表

		3~4 岁	4~5 岁	5~6 岁
以融生智	12. 感知形状与空间关系	1. 能注意物体较明显的形状特征，并能用自己的语言描述 2. 能感知物体基本的空间位置与方位，理解上下、前后、里外等方位词	1. 能感知物体的形体结构特征，画出或拼搭出该物体的造型 2. 能感知和发现常见几何图形的基本特征，并能进行分类 3. 能使用上下、前后、里外、中间、旁边等方位词描述物体的位置和运动方向	1. 能用常见的几何形体有创意地拼搭和画出物体的造型 2. 能按语言指示或根据简单示意图正确取放物品 3. 能辨别自己的左右
以乐达美	1. 喜欢自然界与生活中美的事物	1. 喜欢观看花草树木、日月星空等大自然中美的事物 2. 容易被自然界中的鸟鸣、风声、雨声等好听的声音所吸引	1. 在欣赏自然界和生活环境中美的事物时，关注其色彩、形态等特征 2. 喜欢倾听各种好听的声音，感知声音的高低、长短、强弱等变化	1. 乐于收集美的物品或向别人介绍所发现的美的事物 2. 乐于模仿自然界和生活环境中有特点的声音，并产生相应的联想
	2. 喜欢欣赏多种多样的艺术形式和作品	1. 喜欢听音乐或观看舞蹈、戏剧等表演 2. 乐于观看绘画、泥塑或其他艺术形式的作品	1. 能够专心地观看自己喜欢的文艺演出或艺术品，有模仿和参与的愿望 2. 欣赏艺术作品时会产生相应的联想和情绪反应	1. 艺术欣赏时常常用表情、动作、语言等方式表达自己的理解 2. 愿意和别人分享、交流自己喜爱的艺术作品和美感体验
	3. 喜欢进行艺术活动并大胆表现	1. 经常自哼自唱或模仿有趣的动作、表情和声调 2. 经常涂涂画画、粘粘贴贴并乐在其中	1. 经常唱唱跳跳，愿意参加歌唱、律动、舞蹈、表演等活动 2. 经常用绘画、捏泥、手工制作等多种方式表现自己的所见所想	1. 积极参与艺术活动，有自己比较喜欢的活动形式 2. 能用多种工具、材料或不同的表现手法表达自己的感受和想象 3. 艺术活动中能与他人相互配合，也能独立表现

续表

		3~4 岁	4~5 岁	5~6 岁
以乐达美	4. 具有初步的艺术表现与创造能力	1. 能模仿学唱短小歌曲 2. 能跟随熟悉的音乐做身体动作 3. 能用声音、动作、姿态模拟自然界的事物和生活情景 4. 能用简单的线条和色彩大体画出自己想画的人或事物	1. 能用自然的、音量适中的声音基本准确地唱歌 2. 能通过即兴哼唱、即兴表演或给熟悉的歌曲编词来表达自己的心情 3. 能用拍手、踏脚等身体动作或可敲击的物品敲打节拍和基本节奏 4. 能运用绘画、手工制作等表现自己观察到或想象的事物	1. 能用基本准确的节奏和音调唱歌 2. 能用律动或简单的舞蹈动作表现自己的情绪或自然界的情景 3. 能自编自演故事，并为表演选择和搭配简单的服饰、道具或布景 4. 能用自己制作的美术作品布置环境、美化生活
以融显合	1. 愿意与人交往	1. 愿意和小朋友一起游戏 2. 愿意与熟悉的长辈一起活动	1. 喜欢和小朋友一起游戏，有经常一起玩的小伙伴 2. 喜欢和长辈交谈，有事愿意告诉长辈	1. 有自己的好朋友，也喜欢结交新朋友 2. 有问题愿意向别人请教 3. 有高兴的或有趣的事愿意与大家分享
	2. 能与同伴友好相处	1. 想加入同伴的游戏时，能友好地提出请求 2. 在成人指导下，不争抢、不独霸玩具 3. 与同伴发生冲突时，能听从成人的劝解	1. 会运用介绍自己、交换玩具等简单技巧加入同伴游戏 2. 对大家都喜欢的东西能轮流分享 3. 与同伴发生冲突时，能在他人帮助下和平解决 4. 活动时愿意接受同伴的意见和建议 5. 不欺负弱小	1. 能想办法吸引同伴和自己一起游戏 2. 活动时能与同伴分工合作，遇到困难能一起克服 3. 与同伴发生冲突时能自己协商解决 4. 知道别人的想法有时和自己不一样，能倾听和接受别人的意见，不能接受时会说明理由 5. 不欺负别人，也不允许别人欺负自己
	3. 具有自尊、自信、自主的表现	1. 能根据自己的兴趣选择游戏或其他活动 2. 为自己的好行为或活动成果感到高兴 3. 自己能做的事情愿意自己做 4. 喜欢承担一些小任务	1. 能按自己的想法进行游戏或其他活动 2. 知道自己的一些优点和长处，并对此感到满意 3. 自己的事情尽量自己做，不愿意依赖别人 4. 敢于尝试有一定难度的活动和任务	1. 能主动发起活动或在活动中出主意、想办法 2. 做了好事或取得了成功后还想做得更好 3. 自己的事情自己做，不会的愿意学 4. 主动承担任务，遇到困难能够坚持而不轻易求助 5. 与别人的看法不同时，敢于坚持自己的意见并说出理由

续表

		3~4 岁	4~5 岁	5~6 岁
以融显合	4. 关心尊重他人	1. 长辈讲话时能认真听，并能听从长辈的要求 2. 身边的人生病或不开心时表示同情 3. 在提醒下能做到不打扰别人	1. 会用礼貌的方式向长辈表达自己的要求和想法 2. 能注意到别人的情绪，并有关心、体贴的表现 3. 知道父母的职业，能体会到父母为养育自己所付出的辛劳	1. 能有礼貌地与人交往 2. 能关注别人的情绪和需要，并能给予力所能及的帮助 3. 尊重为大家提供服务的人，珍惜他们的劳动成果 4. 接纳、尊重与自己的生活方式或习惯不同的人
	5. 喜欢并适应群体生活	1. 对群体活动有兴趣 2. 对幼儿园的生活好奇，喜欢上幼儿园	1. 愿意并主动参加群体活动 2. 愿意与家长一起参加社区的一些群体活动	1. 在群体活动中积极、快乐 2. 对小学生活有好奇和向往
	6. 遵守基本的行为规范	1. 在提醒下，能遵守游戏和公共场所的规则 2. 知道不经允许不能拿别人的东西，借别人的东西要归还 3. 在成人提醒下，爱护玩具和其他物品	1. 感受规则的意义，并能基本遵守规则 2. 不私自拿不属于自己的东西 3. 知道说谎是不对的 4. 知道接受了的任务要努力完成 5. 在提醒下，能节约粮食、水电等	1. 理解规则的意义，能与同伴协商制定游戏和活动规则 2. 爱惜物品，用别人的东西时也知道爱护 3. 做了错事敢于承认，不说谎 4. 能认真负责地完成自己所接受的任务 5. 爱护身边的环境，注意节约资源
	7. 具有初步的归属感	1. 知道和自己一起生活的家庭成员及与自己的关系，体会到自己是家庭的一员 2. 能感受到家庭生活的温暖，爱父母，亲近与信赖长辈 3. 能说出自己家所在街道、小区（乡镇、村）的名称 4. 认识国旗，知道国歌	1. 喜欢自己所在的幼儿园和班级，积极参加集体活动 2. 能说出自己家所在地的省、市、县（区）名称，知道当地有代表性的物产或景观 3. 知道自己是中国人 4. 奏国歌、升国旗时能自动站好	1. 愿意为集体做事，为集体的成绩感到高兴 2. 能感受到家乡的发展变化并为此感到高兴 3. 知道自己的民族，知道中国是一个多民族的大家庭，各民族之间要互相尊重，团结友爱 4. 知道国家一些重大成就，爱祖国，为自己是中国人感到自豪

第二节 "乐融"园本课程的内容与结构

"乐融"课程的内容与结构：融知、融行、融情

关于"知"和"行"的关系，自古以来就是一个值得深思的问题。王阳明先生在《传习录》中写道"知者行之始，行者知之成。圣学只一个功夫，知行不可分作两事"。他认为真正的"知行合一"是认识和实践不可分离。只有在实践中深刻了解所学的知识，然后在学习的过程中用实践来检验才是真正的"知行合一"。陶行知先生曾说："教育者不是造神，不是造石像，不是造爱人。他们所要造的是真善美的活人。"教育的本源就是教人唯真、求善、赏美，三者相辅相成，缺一不可。教育最动人的时刻就是知行情与真善美的相遇，王国维先生在《论教育之宗旨》中也曾提出要培养具有真善美的"完全之人物"，并通过知，引导人求真；培养情，引发人求美；启发意，激励人求善。

幼儿阶段的学习更是如此，我国刚刚发布的《中国儿童发展纲要（2021—2030 年）》中明确指出"坚持促进儿童全面发展，坚持鼓励儿童参与；尊重儿童主体地位；丰富教育内容和形式，鼓励儿童积极参与科技、文化、体育、艺术、劳动等实践活动"。这就要求我们把儿童放在主体位置，将"知行合一"融入教育活动，通过"融知、融行、融情"的课程，让幼儿在获得知识和参与实践的交互中全面发展。基于此，顺德机关幼儿园"乐融"课程通过融知、融行和融情三个模块，致力于培养"真、善、美、玩、乐、创"的完整儿童。融知模块让幼儿在丰富真实的生活中获取真的体验、真的知识、真的乐趣、真的成长；融行模块是指在参与和实践中认识善、内化善、彰显善、传递善；融情模块是指在精神和情感的熏陶中了解美、欣赏美、表达美、创造美。

融知、融行、融情三个模块的构建并非无根之木、无源之水。《3—6 岁儿童学习与发展指南》以为幼儿后继学习和终身发展奠定良好素质基础为目标，以促进幼儿体、智、德、美各方面的协调发展为核心，从健康、语言、社会、科学、艺术五个领域描述和指导幼儿的学习与发展。"乐融"课程经过对五大领域的整合与重组，通过"融知、融行、融情"三个模块回应了《指南》中对不同年龄段幼儿发展的期望。在这样全面的课程目标指引下，"乐融"课程将健康、语言、社会、科学、艺术五大领域的内核价值重新排列与划分，通过融知、融行、融情三个模块，帮助幼儿科学全面的发展，幸福快乐的成长。以下是"乐融"课程三个模块的具体课程内容：

一、融知——在丰富的生活与文化中探索真

"千教万教教人求真、千学万学学做真人",真知真识从何而来?传统文化和人间烟火给出了答案。陶行知先生的"生活即教育"理念认为,生活与教育不是简单的等同关系,而是相互渗透、不可分割、具有作用与反作用的辩证统一关系。生活决定教育,是教育的中心,教育来源于生活,教育随着生活的变化而发展,生活就是一本真实丰富的书,真知真识就生动地写在生活里面。厨房的袅袅炊烟,树上的蝉鸣鸟叫,口口相传的民歌童谣,房檐下的追逐嬉闹,既是幼儿亲身体验的生活,又是他们探索真知的素材。因此,顺德机关幼儿园通过挖掘顺德美食、粤语方言和民间艺术的教育价值,让孩子在最熟悉的生活素材中探索真知,学做真人。

二、融行——在行动和实践中追求善

《说文解字》中这样解释教育:"教,上所施也、下所效也;育,养子使做善也。"即教育就是"把做善的本领传授给下一代"。《道德经》中写道:"上善若水、水善利万物……居善地,心善渊,与善人,言善信,政善治,事善能,动善时。"可以看出我们的生活、心灵、交际、言语、行动都要做到善,甚至把善作为一种教育标准和方向去追求。但"善"作为一种抽象概念,必须要有行为载体作为依托,王阳明在《传习录》中写道"知者行之始,行者知之成",没有行动和实践,善就成了飘浮在空中的伪善。"乐融"课程通过行动和实践,从三方面引导幼儿追求善:第一是礼仪教育——引导幼儿善待他人,第二是自然环保教育——倡导幼儿善待环境,第三是健康安全教育——引导幼儿善待自己。

三、融情——在精神和情感中寻觅美

在教育和学习过程中,要想做到"知行合一",在"知"与"行"之间一定要以"情"和"意"作为桥梁,只有将知识内化于心,才能外化于行;只有在情感上认同,在意志上倾向,才能在行为上实践。情感的激活过程与认知的学习过程有所不同,认知学习依赖于以语言为基础的逻辑思维,而情感激活依赖于故事、绘画、音乐、诗歌等作品。无论古今中外,经典的作品往往蕴含着国家和民族的文化符号,在对这些作品的赏析过程中,既能够使幼儿获得稳定的价值认同感和归属感,同时又能让幼儿得到美育的滋养。基于此,"乐融"课程将从爱家乡、爱祖国、爱和平部分,带领儿童探寻家乡的印记,探索中国的符号,将家乡的种子撒播在孩子的心田,萌生孩子的爱国之情,让孩子感受家乡的美、祖国的美。同时,通过对中外优秀文学作品(诗歌、绘本等)的接触,熏陶孩子的精神和情感,让孩子具有国际视野、和平观念,同时感受世界多元文化的多样性之美。

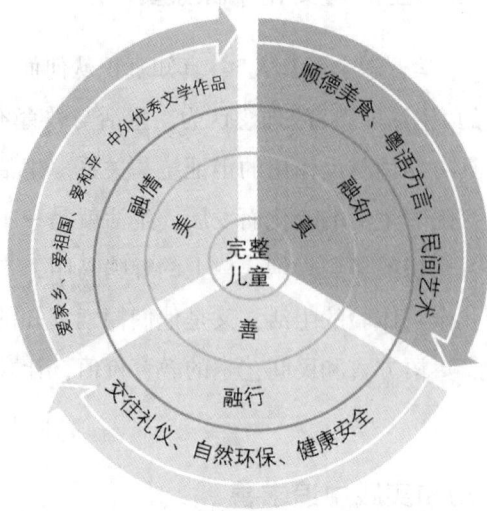

图 1　课程内容结构图

第四章 "乐融"园本课程的组织与实施

第一节 "乐融"园本课程的组织原则

一、课程实施的整合性原则

课程的实施要注重不同领域的联系和整合，以及组织跨领域的主题活动。整合性指教师应将儿童看作发展的整体，将各种教育活动、教育形式与方法、手段有机结合，使其相互配合、相互支持，共同促进幼儿的发展，实现课程目标。"乐融"课程的整体性原则集中体现在对整体课程结构的构建和对课程中各种关系的处理上。根据这一原则，"乐融"课程实施时不仅要注意各领域集体课程之间的交叉影响和整体影响，也要注意集体课程与小组活动、个别活动、生活活动、自主游戏等的有机结合，综合运用各种教学方法、教学手段。"乐融"课程注重不同领域的联系可以促进幼儿在五大领域的成长，提升幼儿以综合思维思考问题的能力，实现全面发展的育人目标。

二、课程实施的生活性原则

"乐融"课程实施时，要把幼儿教育与幼儿的日常生活、幼儿的感性经验联系起来，使幼儿在一日生活中获得身体、认知、情感、社会性等方面和谐发展。首先，幼儿的学习是同幼儿的一日生活紧密联系的。一日生活是幼儿学习的内容，也是幼儿学习的过程；其次，许多教育家都提出了教育与生活相统一的思想。法国思想家卢梭主张让儿童在生活和各种活动中学习。瑞士教育家裴斯泰洛齐主张通过儿童日常接触的事物进行教学。美国教育家杜威主张"教育即生活"，以儿童的直接经验为起点，让儿童通过直接生活进行学习。陶行知提出"生活即教育"的思想，诸多教育家的教育思想为"乐融"课程生活化的实施奠定了重要指导思想；最后，课程的实施的生活性要符合儿童认知发展的特点。根据皮亚杰的认知发展阶段理论，学龄前儿童处于感知和前运算阶段，正处于用感知和表象来认识世界，以获得发展，直接给予抽象的知识时违背了幼儿的发展规律，导致幼儿无法获得适宜的发展，课程的实施必须扎根于幼儿的真实生活。

三、课程实施的生成性原则

生成性原则要求教师在对幼儿尊重的情况下，在课程中重视幼儿的兴趣、需要、动机和已有经验，给予幼儿更多的机会和空间，让幼儿成为活动的重要参与者、体验者和生成者。为此，在"乐融"课程的实施过程中根据当时的情况充分利用教育情境，对课程方案作出有效调整，以此生成课程激发幼儿学习的兴趣并引导幼儿进行交流探索。首先，在"乐融"课程的预设中，我们更多的是以成人的目光去设定课程，所以在实施课程的过程中，若出现与预设不同的情况，教师需要及时反映，作出修改，丰富课程资源，促进课程实施的生动性，满足幼儿的需要；其次，幼儿不是空着脑袋进入课室的，每个幼儿有自己的理解，教师需要倾听和观察，适时生成课程，引导幼儿探究和交流，促进幼儿创新、表征能力的提升；最后，"乐融"课程的实施过程是课程内容持续生成与转化、课程意义不断建构与提升的过程，促进师生的积极合作和对话交流，使课程更加切合幼儿的发展需要。为了实现生成性原则，"乐融"课程应围绕幼儿的兴趣和需要展开，以对话、合作与探究为核心，且尊重、欣赏幼儿的独特性和差异性，满足幼儿的发展需求，让幼儿成为课程的真正主体。

四、课程实施的主体性原则

"乐融"课程的实施是以幼儿为中心，尊重幼儿的兴趣和需要、直接经验、心理发展水平，教师主动引导、幼儿积极参与的过程。联合国发表的《儿童权利公约》上规定我们必须尊重儿童权利与尊严原则，尊重儿童的意见原则，幼儿是完整而独立的个体，他们需要得到该有的尊重。幼儿的成长是具有阶段性、顺序性和独特性的，我们需要依据幼儿的成长规律实施课程。另外，根据维果斯基的"最近发展区理论"，促进幼儿的发展必须基于其幼儿现有水平和可达到的水平来给予支架，以使其到达合适的发展水平。最后，尊重幼儿的主体地位，形成新型和谐的师生关系，极大地调动幼儿参加活动的积极性、创造性和主动性，获得更佳的实施效果。为此，"乐融"课程中教师必须坚持遵循和体现以儿童作为活动主体的原则，在课程内容的选择以及课程形式的安排方面注重激发儿童的能动性、自主性、创造性，通过为儿童创设具有趣味性、探索性、可供儿童自由交流和操作的材料与环境，引发儿童积极主动地与环境相互作用以获得相应的经验，并在儿童自己发现和解决问题的过程中提升他们的能力。

第二节 "乐融"园本课程的实施途径

　　顺德机关幼儿园在多年课程探究的基础上，形成了多元的课程实施路径，通过学习（集体、分组）活动、区域游戏、生活渗透、游戏活动、户外活动、亲子活动、家长进课堂、外出社会实践活动以及各种大型活动开展课程，呈现课程实施的多元性、多表征性特点。具体如图 2 所示。

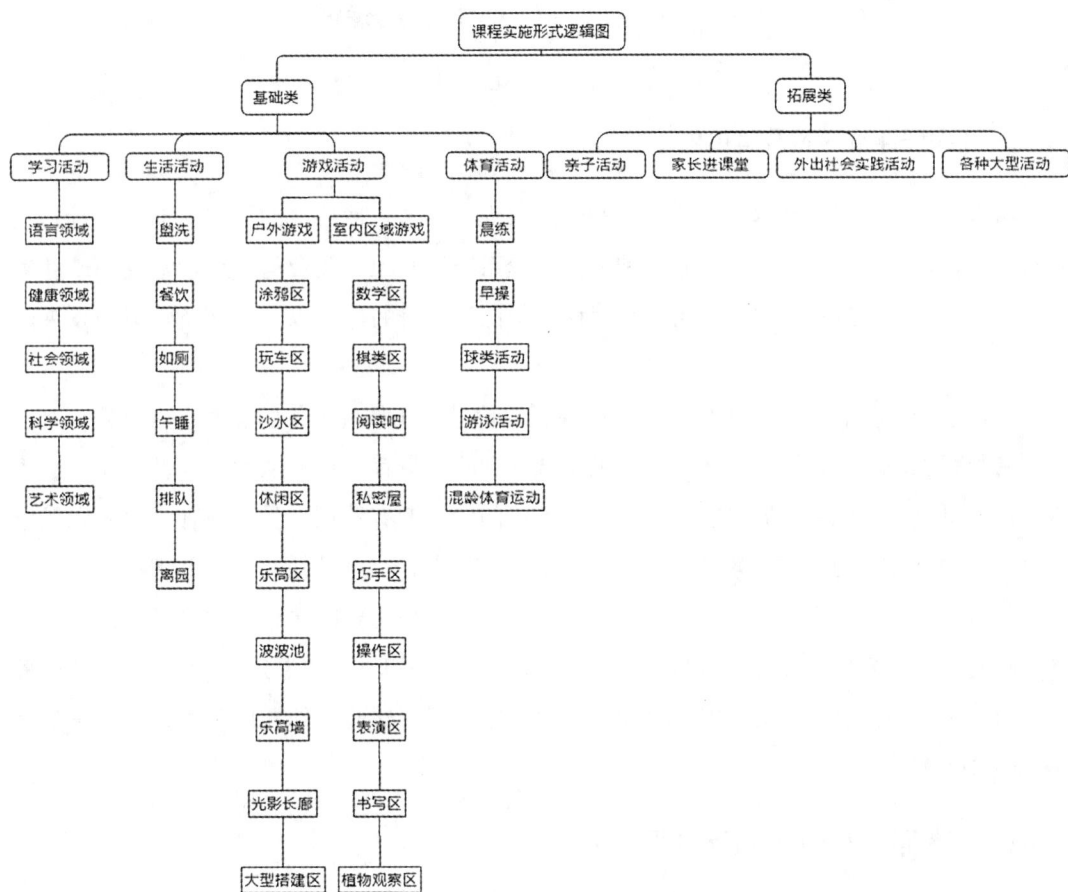

图 2　课程实施途径

第五章 "乐融"园本课程评价

第一节 "乐融"课程体系评价

(一)课程评价内涵及其价值

课程评价是课程的基本要素之一。幼儿园课程评价是一种特殊的认识活动,是针对幼儿教育的特点和组成要素,通过收集和分析比较系统全面的有关资料,科学地判断幼儿教育的价值和效益的过程。课程评价包括对课程中课程本身的评价以及对儿童学习与发展的评价。

《幼儿园教育指导纲要》指出,幼儿园课程评价是幼儿教育工作的重要组成部分,有助于了解教育工作的适宜性、有效性,有助于调整和改进教育工作,从而提高教育质量,更有效地促进每个幼儿的发展。在幼儿园中,评价的参与者有管理人员、教师、幼儿以及家长,但教师是评价的主体。教师在幼儿园中不仅是教学者,更是幼儿成长的观察者、引导者。教育教学评价对于教师来说是一种工作手段,可以帮助教师调整和改进工作,更好地教学;对于幼儿来说,评价是对自身的行为表现以及发展变化的"鉴定",教师对幼儿的评价具有非常重要的意义;对于家长来说,评价是家长了解幼儿在幼儿园学习成果、发展水平的重要了解途径。

(二)课程评价原则及注意事项

1. 客观性原则。把通过观察、测量、访谈、问卷等方式搜集来的信息,如实地,不掺杂主观想法地真实记录下来,然后按照科学的标准进行分析和判断,作出合理评价。

2. 发展性原则。幼儿园课程评价的最终目的在于发现课程中的问题、找出原因、提出改进的建议和措施,解决问题,调整、改进和完善课程,不断提高教育质量。要全面了解幼儿的发展状况,防止片面性,承认和尊重幼儿的个体差异,让幼儿看到自己的优点和进步,增强自信心,促进幼儿全面和谐发展。

3. 科学性原则。科学性原则要求幼儿园课程评价要有正确的指导思想和科学的评价标准，评价的指标要与《规程》《纲要》《指南》的精神和原则相一致，课程的评价要讲求实效性，为改善和提高教育质量提供有用的信息，并对评价结果进行科学的解释。

值得关注的是，"乐融"课程评价鼓励多主体共同参与，构建多元化的评价体系。家长是幼儿园课程评价的重要主体。家长是和孩子亲密联系的成人，家长的观念、行为都会对孩子产生影响，幼儿园应该鼓励家长参与幼儿园的课程评价，同时积极创造家长参与幼儿园课程评价的方式和途径。课程评价的方法可分为定性与定量评价两大类别。定量评价有其优势，讲求科学性、准确性与数据性。定性评价比较具有弹性，能综合考虑课程运行中的各个因素，进行整体性的综合评价，各评价者和被评价者拥有合作、协商的空间，评价方法比较弹性和人性化。不过定性评价对评价者的要求比较高，特别是对评价者的评价理念、课程理念等方面有要求。

根据课程基本结构，评估主要包括以下方面(见表 2、表 3)：

表 2 "乐融"课程体系评估

一级指标	二级指标	三级指标
课程目标	1. 方向性	1. 是否基于对幼儿园课程基础、现阶段教师的课程实施水平与幼儿的课程需求的思考和分析？ 2. 课程的目标是否能充分体现《纲要》《指南》的精神？ 3. 课程的目标与幼儿园的办园目标和课程理念是否一致？
	2. 可行性	1. 课程的目标是否清晰明确，是否能满足本园幼儿学习或发展的需要？ 2. 课程目标的分解是否科学，是否与各类课程目标之间具有内在的逻辑性？ 3. 是否征求教师对方案的意见建议，确保课程活动能有效实施？
课程内容	结构与内容	1. 课程内容设置是否对实现课程的理念与目标有一定的支持性？ 2. 课程结构与课程内容是否均衡体现健康、语言、社会、科学和艺术五大领域的发展要求，是否科学合理组织五大领域教育内容，以游戏为基本活动，将游戏贯穿于教育活动和生活活动各环节？ 3. 课程方案是否包含生活、教学、游戏和运动四项活动内容，且各项活动在一日活动安排中时间比例恰当均衡？ 4. 一日活动作息安排是否科学合理，是否能充分满足幼儿游戏和运动的需要，保证幼儿有自由活动的时间和自主选择活动的机会？

续表

一级指标	二级指标	三级指标
实施过程	1. 园本化实施的思想和实践	1. 课程的实施措施与形式是否能紧密结合本园的实际，具有可操作性和指导性？ 2. 课程实施是否关注幼儿的个体差异，以游戏为基本手段，突出幼儿的主体地位？ 3. 课程的实施是否有总体的规范原则，同时又具有一定的灵活性，留有班级自主的余地？
	2. 课程资源的利用	1. 教师和家长、社区在幼儿课程资源开发与共建中的主体作用是否显著？ 2. 是否在家庭、社区、社会教育资源开发与利用中，考虑到优化幼儿园的课程内容、结构与课程实施？ 3. 是否将顺德本土资源开发运用到幼儿园的课程内容与实施中？
	3. 课程保障	1. 课程评价是否能够为进一步完善课程、提升课程质量和促进幼儿、教师与幼儿园的发展提供有效的信息和机制？ 2. 幼儿园是否有清晰健全的课程管理组织，并发挥有效的作用和职能？ 3. 幼儿园是否有为课程的设计、实施、评价与完善提供全面的支持，以及管理与制度的保障？
实施成效	编制过程及文本特点	1. 课程是否有理论依据，有实施过程，并经专家及有关方面论证？ 2. 方案编制是否依据《纲要》《指南》《广东省一日生活指引》的精神，并充分考虑幼儿园的现实条件和发展需要，形成园本特色？ 3. 课程方案是否对引领幼儿园课程实施、落实幼儿园课程理念和实现课程目标有显著的指导作用？ 4. 是否注重收集与分析课程实施信息，形成课程实施方案更新与完善的保障机制？

表 3　主题活动设计的整体检核评估表

单元名称：　　　　　　　　　　　　　　　　班

项目	内　　　容	是	否
主题的选择	1. 是否符合幼儿的兴趣与需要		
	2. 是否包含多方面教育价值，有助于达成多项教育目标		
	3. 是否涉及各个学习领域		
	4. 是否具有可行性		

单元名称：		班	
项目	内　　容	是	否
目标	1. 单元目标是否符合幼儿教育的目的和课程总目标		
	2. 目标是否符合幼儿的发展水平		
	3. 目标是否包含认知、情感态度、技能三大教育目标领域		
	4. 单元目标与具体活动的目标是否吻合		
内容	1. 内容与目标之间是否对应		
	2. 内容是否符合幼儿的发展程度(难易度)		
	3. 内容是否符合幼儿的兴趣与需求		
	4. 内容是否包含主要课程领域		
	5. 内容是否在动静态的活动中均有顾及		
	6. 内容是否注意到季节性与地方性		
	7. 内容是否注意到文化的介绍与传承		
	8. 内容是否潜在地含有歧视性倾向(性别、文化、阶层、种族等)		
方法	1. 采用的教学法是否能充分反映内容的特质		
	2. 教学方法是否符合幼儿的学习方式和特点		
	3. 活动流程的转换是否合宜		
	4. 教具或资源的使用是否合宜		
	5. 对活动过程中可能出现的问题是否有所准备		

第二节　幼儿发展评价

(一)幼儿发展评价内涵及其价值

幼儿发展评价，是指幼儿园教育者依据幼儿发展目标，以促进幼儿发展为目的，对幼儿的身体、认知、情感和社会性等方面的发展状况进行分析和价值判新的活动，它是学前教育评价的重要组成部分。幼儿发展评价具有以下价值：

1. 幼儿发展评价以幼儿发展为指向，在评价中教师可了解幼儿的发展状况，特别是本班幼儿的发展状况，还能够知晓每位幼儿的优点和不足，发现个体之间的差异，在评价的过程中发现幼儿的需要，为因人施教提供依据。

2. 幼儿发展评价可以帮助教师改进教育教学行为，通过评价的结果来反思诊断之前的决策是否合适有效，发现不同阶段幼儿成长的现状，并将之作为下一阶段的起点，为后续行为的跟进提供依据。

3. 在开展评价的过程中教师可以了解幼儿的发展状态，追寻幼儿的发展轨迹，向家长反馈、了解幼儿的发展情况，为更好地开展家庭教育，形成家园共育合力。

(二)原则与注意事项

《幼儿保教指南》中指出幼儿发展评价应遵循全面性、整体性、发展性、动态性、真实性和客观性等原则。评价应自然地伴随整个教育过程，在幼儿真实的生活和学习情境中进行动态的评价。切忌为评价而评价，避免人为地设计情境和试题对幼儿进行评价，同时也避免离开观察和事实，凭主观经验对幼儿进行评价。评价不仅仅指向儿童的现在、过去，还要指向儿童的未来，应该是动态的。对幼儿发展状况的评估要注意：

1. 避免只关注结果性评价，忽视过程性评价。以往的幼儿评价，往往重视结果性评价，它关注的仅仅是幼儿各方面达到目标的程度，即幼儿发展的结果，容易忽视幼儿发展的过程，忽视个体发展中的特质。

2. 避免评价内容的单一性和片面性。在一些幼儿园，幼儿发展评价的内容多着眼于知识技能方面的要求，而对于幼儿其他素质的发展则不够重视，对幼儿在活动中的非智力因素的表现，如积极尝试、独立自信、主动探索的精神，大胆交往、自我表达能力，爱惜物品、关心他人等情感因素有所忽略。评价内容单一、片面，容易导致不能客观、全面地评价幼儿。

3. 在日常活动与教学过程中采用自然的方法进行评价。平时观察所获的具有典型意义的幼儿行为表现和所积累的各种行为样本，这是评价的重要依据。

下篇

实践篇

第一章 小班"乐融"园本课程实践案例

第一节 小班"乐融"园本主题课程案例

一、主题名称：蝴蝶变变变

二、主题来源

《3—6岁儿童学习与发展指南》中指出，要经常带幼儿接触大自然，激发其好奇心和探究欲望。阳春三月，草长莺飞，幼儿园里处处洋溢着春天的生机。小班的孩子对大自然充满好奇，他们喜欢接触大自然，对周围的很多事物和现象都非常感兴趣。走进幼儿园的小花园，嫩绿的小草，盛开的鲜花，飞舞的小昆虫，时刻吸引着孩子们的注意力。他们对大自然各种新奇、有趣的现象产生了浓厚的兴趣。"这是什么花？为什么不香呢？""这里有小蜜蜂，它们会蜇人吗？""蝴蝶好漂亮呀，能不能抓一只来看看？"

《幼儿园教育指导纲要(试行)》中提到，教师应成为幼儿学习活动的支持者、合作者、引导者。善于发现幼儿感兴趣的事件、游戏和偶发事件中所隐含的教育价值，把握时机，积极引导，形成合作探究式的师生活动。基于孩子对春天昆虫的兴趣，教师应抓住教育契机，充分利用自然和实际生活机会，支持和满足幼儿通过直接感知与亲身体验的方式开启蝴蝶探索之旅，激发他们对大自然的喜爱之情，体验在自主探究中寻找问题答案的快乐，发展初步的探究能力。

三、主题目标

(一)健康领域目标

(1)具有一定的协调性，能在分散跑中躲避他人的碰撞。

(2)具有一定的安全意识，有基本的自我保护能力。

（3）小手动作灵活协调，能用笔涂涂画画、剪贴手工等。

（4）喜欢参与户外游戏和运动，能与同伴一起开展体育活动。

（二）语言领域目标

（1）能认真倾听他人说话，并及时作出回应。

（2）愿意在集体面前大方分享自己的发现，表达自己的想法。

（3）能口齿清晰地念儿歌或复述简短的故事。

（4）具有良好的阅读习惯，喜欢阅读图书，能收拾整理图书。

（5）会看画面，能根据画面说出图中有什么，发生了什么事。

（6）能理解图书上的文字是与画面对应的，是用来表达画面意义的。

（7）喜欢用涂涂画画表达一定的意思。

（三）社会领域目标

（1）愿意和同伴一起照顾毛毛虫。

（2）喜欢承担照顾毛毛虫的小任务。

（3）当身边的小动物生病或死亡时会表现出关心、难过。

（四）科学领域目标

（1）经常问各种问题或好奇地探究事物的发展规律。

（2）对感兴趣的蝴蝶能仔细观察，发现其明显特征。

（3）能用多种感官或动作去探索蝴蝶，关注其所发生的变化。

（4）认识常见的蝴蝶，能注意并发现其品种是多样的。

（5）感知和发现蝴蝶的翅膀花纹是多种多样的，对其不同的纹理感兴趣。

（6）能通过观察、比较，发现蝴蝶的翅膀是对称图形。

（7）能根据蝴蝶翅膀的特征，对蝴蝶进行简单的分类。

（五）艺术领域目标

（1）喜欢看不同蝴蝶的美丽花纹。

（2）喜欢听欢快的音乐并跳舞。

（3）能用手指点画等形式表现艺术创作，并乐在其中。

（4）能用声音、动作、姿态等模仿自然界的事物。

（5）能用简单的线条和色彩大体画出自己想画的事物。

四、主题网络图(虚线部分为生成课程活动)

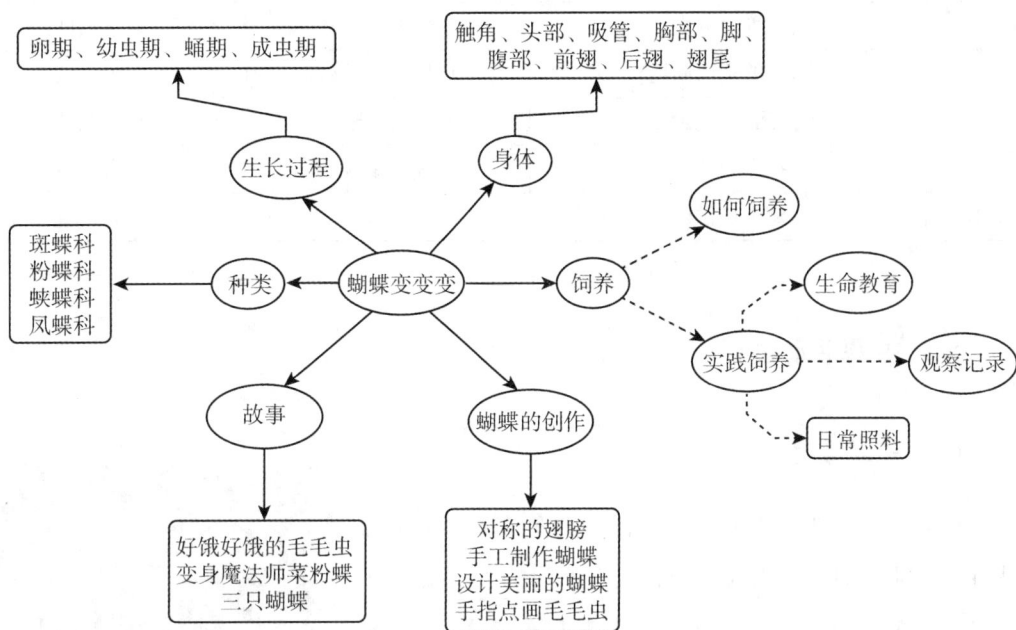

五、主题预设活动

序号	活动名称	活动类型	活动领域
1	《我最喜欢的小昆虫》	集体活动	语言领域
2	《蝴蝶小调查》	亲子活动	科学领域
3	《蝴蝶小百科》	分组活动	科学领域
4	《好饿好饿的毛毛虫》	分组活动	语言领域
5	《蝴蝶吃什么》	分组活动	科学领域
6	《蝴蝶的身体部位》	分组活动	科学领域
7	《捕蝴蝶》	户外游戏活动	健康领域
8	《蝴蝶的翅膀》	分组活动	科学领域
9	《三只蝴蝶》	分组活动	语言领域
10	《蝴蝶的生长过程》	分组活动	科学领域
11	《变身魔法师菜粉蝶》	集体活动	科学领域
12	《设计美丽的蝴蝶》	分组活动	艺术领域
13	《手工制作蝴蝶》	分组活动	艺术领域

序号	活动名称	活动类型	活动领域
14	《对称的蝴蝶》	分组活动	科学领域
15	《蝴蝶的生命周期》	户外游戏活动	健康领域
16	《不爱运动的毛毛虫》	区域渗透	科学领域
17	《手指点画毛毛虫》	区域渗透	艺术领域
18	《蝴蝶拼拼乐》	区域渗透	科学领域

六、主题活动过程

(一)主题缘起

阳春三月，草长莺飞，孩子们和我最喜欢午饭后到小花园散步的时光，因为总会看到有不同的小昆虫出没，蝴蝶、蜜蜂、瓢虫……一天，一只蝴蝶轻盈地飞过来，孩子们争相追逐，欢呼雀跃。

同同："黄老师，你看，蝴蝶，我想抓一只蝴蝶看看。"

老师："为什么想抓蝴蝶看看呢？"

同同："因为它好漂亮，还飞得好快，我想看看它的翅膀。"

熙熙："我想抓一只蜜蜂。"

修远："不可以的，蜜蜂有刺，妈妈说不可以碰，会蜇人。"

肖刘："我喜欢蜗牛，蜗牛不会咬人。"

平平："我想抓一条蚯蚓。"

……

孩子们争先恐后地表达自己的意见。看到孩子们对小昆虫这么感兴趣，我也很想知道他们对昆虫有多少了解，对什么昆虫最感兴趣。

(二)最喜欢的昆虫投票

在谈话的过程中，孩子们说出了十种他们知道或喜欢的小昆虫，并讲述了自己的理由。有的说喜欢蜘蛛，是因为蜘蛛人很厉害；有的说喜欢蚕宝宝，是因为蚕宝宝会吐丝；

有的说喜欢蜜蜂，是因为蜜蜂会采蜜；有的说喜欢蝴蝶，是因为蝴蝶很漂亮；有的孩子则喜欢瓢虫、小蝌蚪、青蛙等。在讨论的过程中，孩子们也发现他们喜欢的小昆虫有时是很危险的，比如，有的蜘蛛有毒，有的蜜蜂有刺会蜇人。孩子们各抒己见，谁也说不准哪种小昆虫最好、最可爱。

于是，我建议他们用投票的方式来解决问题，给自己最喜欢的小昆虫送上一颗爱心。经过一轮激烈的投票，最终，蝴蝶得到 7 个爱心，以美丽、不会伤害人受到孩子们的欢迎，赢得最多的票数。

(三)蝴蝶亲子小调查

老师提出新的问题："蝴蝶除了漂亮，不会伤害我们，还有什么别的特点呢？请小朋友们和爸爸、妈妈一起做一个小调查吧，让我们一起发现更多关于蝴蝶的秘密。"

孩子们利用周末的时间，同爸爸、妈妈一起查找蝴蝶相关的资料。周一把调查信息带过来，大家进行了分享和讨论，孩子们纷纷说出自己的调查结果和发现。

咏琪："我发现了一种会发光的蝴蝶，叫光明女神闪蝶。"

语棋："我知道蝴蝶生长在有植物的地方，如森林、花园、公园里。"

凯莹："蝴蝶还喜欢待在枯枝的梢头，植物叶下，峭壁上。"

以清："蝴蝶的翅膀可以飞行，可以伪装保护自己。"

舒然："蝴蝶翅膀花纹不同，有圆形、条形等。"

俏恬："蝴蝶翅膀上的花纹是对称的。"

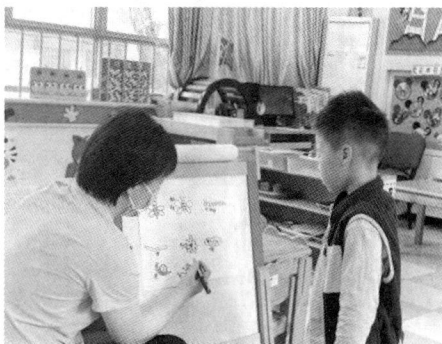

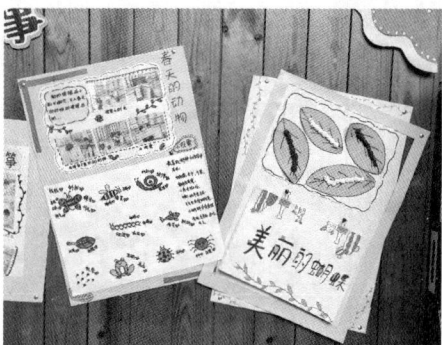

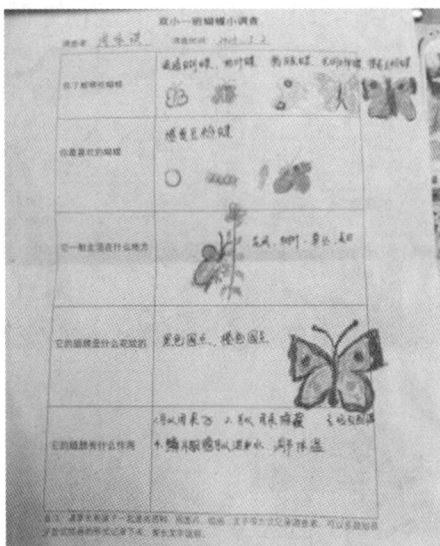

（四）探究对称的翅膀

在诸多分享与发现中，孩子们对蝴蝶的花纹特别感兴趣，他们发现虽然不同的蝴蝶长着不同花纹的翅膀，但翅膀两边是长得一样的，他们对这种现象感到很新奇，但是不知道如何去表达。于是，我提出了"对称"的概念。

老师："蝴蝶的翅膀是对称的。"

恩恩："什么是对称？"

老师："对称就是说蝴蝶左边的翅膀和右边的翅膀大小、花纹、形状等都是一样的。"可是，大部分孩子还是表示不理解。毕竟，平时看到的蝴蝶都是动态的，飞来飞去，有些是看不清楚的。怎么办呢？于是，我想到了蝴蝶标本。

我从网络购物平台购买了一些蝴蝶标本回来，放在了观察角，这可大大吸引了孩子们的兴趣。在观察的过程中，孩子们惊叹于每一只蝴蝶的颜色和花纹都那么特别，真是太漂亮了。同时，孩子们也逐渐对"对称"的概念有了一个清晰的认识，他们看到了蝴蝶左右两边翅膀长得一模一样，每一个部位的颜色、花纹、形状都一一对应，形成对称图形。

（五）了解蝴蝶家族

在观察蝴蝶的过程中，旻旻发现了一个有意思的情况。

旻旻："为什么有些蝴蝶的翅膀有一个小尾巴，有些蝴蝶的翅膀上却没有小尾巴？"

老师："你观察得真仔细，老师也不知道这是什么情况，我们一起上网查一查吧。"经过查阅网上的资料，我们进一步了解到蝴蝶还分了不同的科目，有斑蝶科、粉蝶科、凤蝶科、峡蝶科等，而我们的标本中的蝴蝶就分别属于这几个科目。有小尾巴的就是凤尾蝶，没有小尾巴的是其他科目的蝴蝶。这时，同同又提出了一个问题，引起了大家的注意。

同同："老师，粉蝶是用粉做的吗？"

老师："你这个问题很有意思。有哪个小朋友知道是怎么回事吗？"

瑜瑜："粉蝶不是粉做的，是采花粉的蝴蝶。"

琪琪："花朵上有很多花粉，喜欢花粉的就是粉蝶。"

老师："听起来都很有道理，老师也很想知道粉蝶到底为什么叫粉蝶，老师家里有一本关于菜粉蝶的书，是法布尔叔叔写的，也许我们可以找到答案，你们想看一看吗？"

孩子们纷纷表示想看一看这本书。就这样，我们走进了菜粉蝶的神奇世界……

(六)探究菜粉蝶

当阅读完法布尔叔叔的《变身魔法师菜粉蝶》的故事以后，孩子们发现，粉蝶是因为它的翅膀上有磷粉而得名，而菜粉蝶一生要经历四个阶段，从卵到幼虫也就是毛毛虫，再化蛹，最后羽化成功才能变成美丽的蝴蝶，这真是一次美丽又奇妙的变身。菜粉蝶的故事进一步激发了孩子们对蝴蝶的探究欲望。

(七)寻找蝴蝶资源

原来毛毛虫长大了就会变成蝴蝶，这太神奇了。孩子们都说："好想像法布尔叔叔一样，抓一只蝴蝶来观察呀。"那么到哪里去抓蝴蝶呢？孩子们讨论了很久，发现幼儿园的小花园里蝴蝶是最多的，但是蝴蝶飞得太快了，就算看到了也抓不到，这可怎么办？于是，我们把这个问题抛到家长微信群，看看哪位家长有办法能给我们"抓"一只蝴蝶回来看看。

这时候，平平爸爸在群里分享了饲养大帛毛毛虫的经验。原来网上可以购买到安全的毛毛虫，自己饲养，就能看到毛毛虫变蝴蝶的全过程，这实在是一个绝妙的好主意。

（八）初识大帛毛毛虫

我们通过家长进课堂的形式，邀请平平爸爸来给孩子们讲一讲饲养毛毛虫的经历，他还给孩子们带来了可爱的大帛毛毛虫。孩子们一下子嗨爆了。虽然一个个都很想看看毛毛虫，但是大家都不敢摸，有的孩子表示自己很害怕，有的则说毛毛虫不能摸的，会咬人的。平平养过毛毛虫，他有经验，于是，他大胆地拿起一条毛毛虫，走到小伙伴的前面，给小伙伴转着看。可是大家还是不敢摸，心里还是有点害怕，可又禁不住好奇，一窝蜂跑过来，围着平平爸爸看毛毛虫。

在围观的过程中，老师看到很多孩子还是不敢碰触毛毛虫，于是，老师用手轻轻碰了毛毛虫一下，并告诉孩子们大帛不可怕，鼓励孩子们勇敢试一下。孩子们也发现大帛毛毛虫身上没有毛，而且颜色很漂亮，即便是摸了手也不会痒，于是越来越多的孩子逐渐敢于碰触毛毛虫，与此同时，他们也产生了各种各样的疑问。

初初："这是毛毛虫吗？为什么它的身体不是绿色的？"

旻旻："它是吃什么的？也和菜粉蝶毛毛虫一样吃卷心菜吗？"

同同："它要喝水吗？"

棋棋："它有牙齿吗？"

熙熙："它爬的时候会掉下来吗？"

孩子们开启了十万个为什么模式……

平平爸爸则开启答疑模式，耐心地将大帛毛毛虫的生长发育过程给孩子们详细讲解。

平平爸爸："这是大帛毛毛虫，它长大以后会变成大帛斑蝶。""大帛毛毛虫吃爬森藤叶长大。""大帛毛毛虫不用喝水，叶子里就有足够的水分。""大帛毛毛虫有牙齿，能啃叶子。""它不会掉下来，它有很多很小的脚，所以不会掉下来"。

(九)照顾大帛毛毛虫

平平爸爸将大帛毛毛虫留下来给孩子们饲养，孩子们都高兴极了，他们知道，大帛毛毛虫长大以后就能变成蝴蝶了，这样我们就可以跟法布尔叔叔一样近距离观察真的蝴蝶了。大家每天来幼儿园的第一件事，就是去看看大帛毛毛虫，给大帛换掉屎粑粑，替换上干净的纸巾和新的爬森藤叶。有了前面的经验，孩子们知道大帛毛毛虫不会咬人，碰了它手也不会痒。

在观察的过程中，孩子们进一步了解了毛毛虫的特点，他们发现毛毛虫能够倒挂，不掉下来，而且特别喜欢走边边。孩子们得出了一个结论："毛毛虫太喜欢爬高爬低了，脚上有黏液，像胶水一样能粘住边边，所以不会掉下来。"

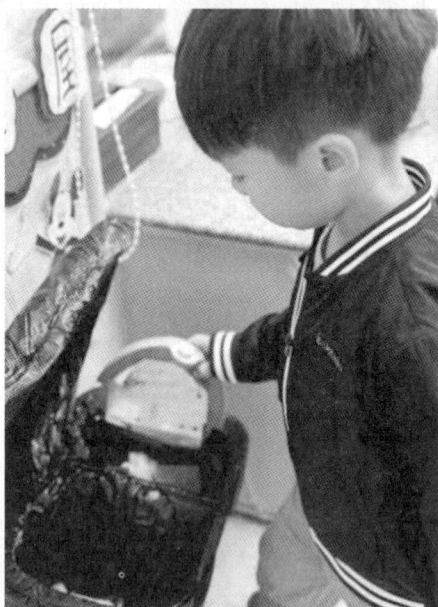

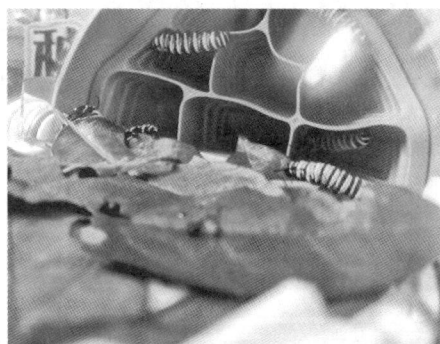

（十）大帛毛毛虫化蛹危机

　　有一天，大帛好像都吃不动了，一条条趴在饲养仓上面，一动不动。第二天，当我们再看它们的时候，发现有6条大帛已经化成蛹了，它们有的挂在饲养仓上面，有的躺在叶子上，静静的，一动不动。还有一条大帛毛毛虫没有化蛹，它也一动不动的，不吃爬森藤叶了。它是死了吗？还是准备化蛹呢？我们都不知道，只能静静地等待……

钧宜："老师，你看大帛毛毛虫变成蛹了。"

清清："金色的蛹，真好看。"

旻旻："它在里面会不会憋死啊？"

央央："不会死的，它会变成蝴蝶。"

孩子们观察并用已有的经验分析大帛毛毛虫的情况。这时候恬恬说："老师，你看，还有一条毛毛虫没变蛹，它是死了吗？"

老师："我们可以怎么确定它是不是死了？"

同同："碰一下它，动了就没死。"

老师："那我们试一下。"

轻轻触碰以后，发现它真的轻轻扭了扭身体。

于是，我们得出结论，它应该是准备化蛹，还没死。我们以为只要耐心等等，第二天又会有奇迹发生……

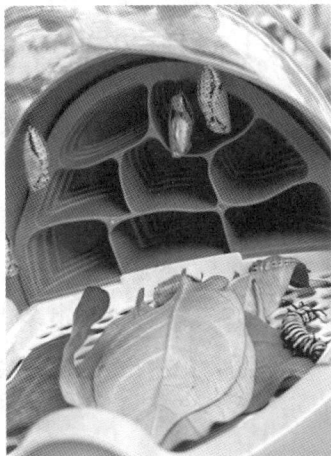

(十一)化蛹失败的生命教育

第二天一早，孩子们来到幼儿园就迫不及待地去看看那条还没化蛹的毛毛虫是不是变成蛹了。然而，可怜的毛毛虫，已经一动不动了，它静静地躺在那里，尾巴已经开始变小了。而且，靠近还能闻到一股臭味。孩子们很难过，说："毛毛虫死了，它不能变成蝴蝶了。"孩子们很伤心，他们很想知道这条毛毛虫为什么变不了蛹。

这条毛毛虫没有化蛹成功确实很可惜，生命有时候就是这么脆弱，大自然也是很残酷的。从网上查阅资料，我们了解到大自然中蝴蝶的卵最终成功变成蝴蝶只有5%至10%的成功率。100只卵最后只有5~10只变成蝴蝶。在大自然中它们要面临各种困难和挑战，他们的天敌比如各种小鸟，会在他们变化的过程中吃掉毛毛虫。没有被吃掉的毛毛虫如果没有化蛹成功，可能是本身不够强壮，所以，在化蛹的过程中它没有足够的能量蜕变成功。

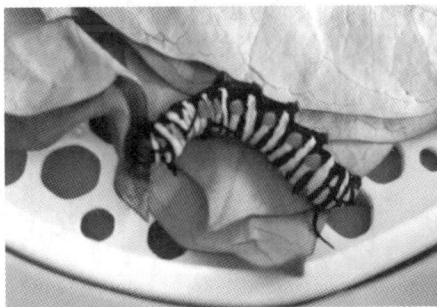

毛毛虫的去世也给了我们生命的启示：毛毛虫因为不够强壮，化蛹的过程失败，死去了。所以，小朋友们要加强锻炼，让身体变得棒棒的，才能够面对各种挑战。

(十二)埋葬死去的大帛毛毛虫

知道毛毛虫死亡的原因,孩子们虽然难过,但也接受了这个残酷的事实。那毛毛虫的尸体怎么办呢?就这样扔到垃圾桶吗?如果不扔到垃圾桶又应该放在哪里合适?

博博:"蝴蝶喜欢花,毛毛虫放到花园里吧。"

瑜瑜:"不是,毛毛虫不吃花,它吃叶子。"

平平:"菜园里有很多叶子,还有蔬菜。"

一番讨论后,大家一致决定把死去的这条毛毛虫埋到菜园里,也许毛毛虫会喜欢这个地方。

(十三)羽化的生死较量

自从大帛化蛹之后,孩子们每天都会去看看,大帛什么时候才能变成蝴蝶,他们拿着大帛的标本在那里看呀看,一天、两天、三天过去了,大帛的蛹还是一动不动的,它们静静地待在饲养仓里,只不过表面的颜色开始变得越来越深,从最开始的金黄色,慢慢变出了一些黑色的花纹。到了第6天的时候,有的孩子们忍不住地问道:"大帛是不是死掉了呢?为什么那么多天过去了还没有变成蝴蝶?"有的孩子记得菜粉蝶要用7天的时间才变成

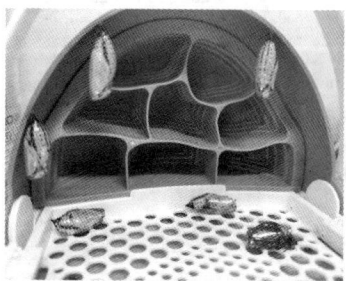

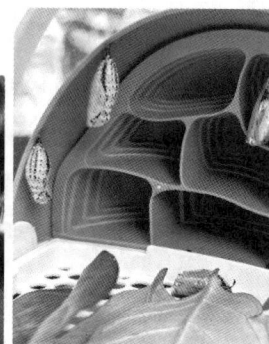

蝴蝶，于是，他们一起统计了天数，大帛化蛹的时间是上周五，到今天只有 6 天，还要再等等。

(十四)预设活动的开展

在等待羽化的这段时间，我们和孩子们一起玩和蝴蝶化蛹的游戏，了解了蝴蝶的身体部位都有哪些功能，比如：蝴蝶的触角是身体重要的部位，除了可以分辨各种气味，还可以闻到 1 至 2 公里外的花香，还有保持身体平衡和起着嗅觉和触觉的作用，还包括听觉作用呢。

在艺术创作中，孩子们用贴画、蜡笔画、点染画、折叠、手指点画、超轻黏土等充分发挥自己的创造力和想象力，画出自己心目中的蝴蝶和毛毛虫。

为了提前为大帛斑蝶准备好食物，我们和孩子们一起掌握了蝴蝶都吃一些什么食物。事实上，通过查阅资料，我们发现不同的蝴蝶吸食的东西不一样，比如，我们饲养的大帛斑蝶，幼虫吃爬森藤叶，这种叶子是有轻微毒素的，这也是大帛保护自己不被天敌吃掉的一种方式，成虫以后主要靠吸食花蜜为食；而菜粉蝶幼虫吃白菜、甘蓝一类的十字花科植物，成虫也是吸食花蜜；大多数蝴蝶都是吸吮汁液状的食物，以花蜜、清水、果汁、树液，或者是腐烂发酵的液体食物为食的。

(十五) 第一只羽化的大帛斑蝶

终于，大概过了 10 天，一天早上回来，孩子们惊喜地发现，有一个大帛的蛹破壳了。

他们争相跑过来告诉老师，我们把饲养仓放到桌子上围着观察。孩子们看到大帛努力地挣扎，一点点地尝试脱离那层束缚它的壳，这个过程很艰辛，孩子们大声给大帛喊加油。对于第一只破蛹而出的大帛，孩子们和老师都满怀期待，我们从早上等到了下午离园的时间，终于看到大帛从壳里完全脱离出来，但是，它的翅膀却张不开，也飞不起来，我们想再给大帛一点时间。也许明天，当我们到教室的时候，大帛一定会再次给我们惊喜，可以展翅高飞，然而……

(十六) 第二只羽化的大帛斑蝶

第二天，当我们再次观察饲养仓的时候，让我们感到惊喜的是，我们真的看到了一只翅膀完全伸展的蝴蝶，那么美好而优雅地挂在壳上。而同时，让我们感到非常难过和沮丧

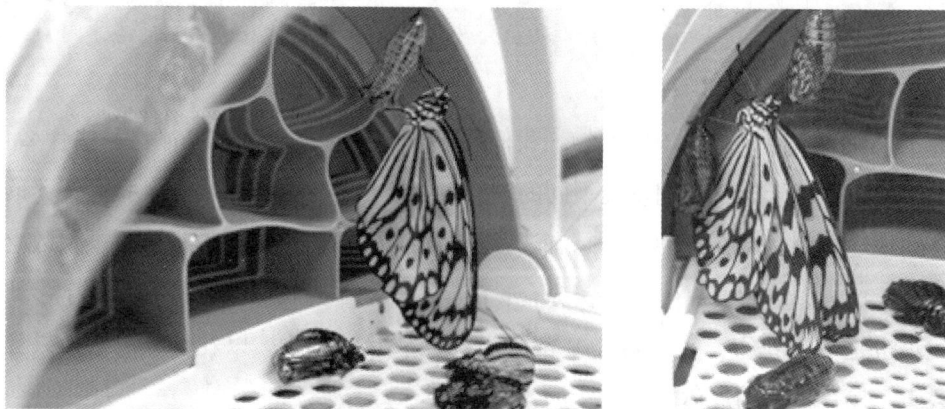

的是，在饲养仓里还静静地躺着一只没有伸张开翅膀，已经精疲力竭而死去的大帛……从第一次看到死去的毛毛虫那种心痛，到再次体验生命的脆弱和无助，孩子们进一步感受到了生命的可贵。

(十七)放飞生命

看到大帛九死一生才化成蝶，孩子们更加明白生命的重要性，更懂得珍惜生命，珍惜大帛。经过一天的等待，大帛的翅膀变得越来越硬了，虽然我们的初衷是想要养一只蝴蝶，但是，大家都有一件更想要做的事，那就是看到大帛斑蝶可以展翅高飞，成为一只真正的蝴蝶。又经过了一天漫长的等待，我们看到大帛斑蝶的翅膀变得越来越硬，越来越有力量，于是，我们决定在离园时间放飞大帛，让它回到自己喜欢的大自然中去。

当看到大帛一开始只是轻轻地立在枝头，然后又慢慢地坚强地张开翅膀，振翅高飞，消失在花园里的时候，孩子们忍不住满心欢喜，大家一起祝福着大帛。

(十八)变身不易　珍爱生命

在和孩子们进行总结的时候，孩子们了解到蝴蝶的生命周期要经历四个阶段，从卵到成虫，前后四次变身，它们的成长过程何其艰难，每一次变身都可能会面临死亡的威胁。

而事实上，我们饲养的 7 条毛毛虫，除了一条没有化蛹成功，剩下的 6 个蛹，也只有一条真正羽化成功，有 3 个蛹，即便破蛹了，但是翅膀始终没有办法真正张开，最终也只会死掉。有 2 个蛹一直都没有破壳，直接死去。

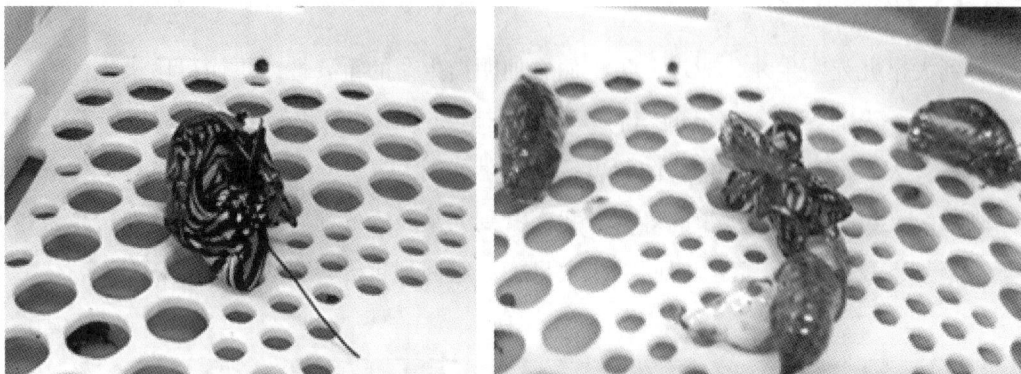

（十九）回顾蝴蝶的生命过程

孩子们在区域活动中，用手指点画的形式，将大帛毛毛虫变成蝴蝶的过程展示出来，用艺术留住那段美好的时光。

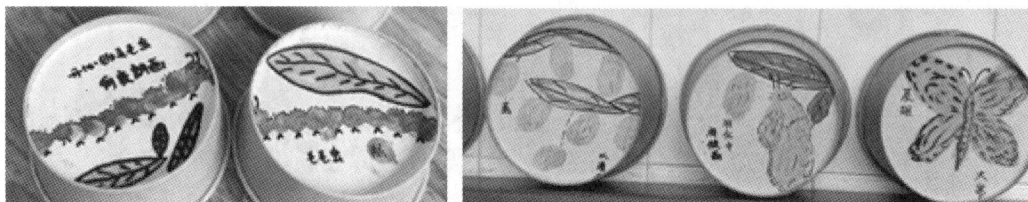

这次探索，是孩子们对蝴蝶的探索，也是孩子们深刻感受生命的存在，生命的神奇，以及生命是多么珍贵的一次宝贵的体验。感恩生命，敬畏生命，珍惜生命，是永恒的主题。

（二十）主题活动反思

《蝴蝶变变变》这个主题的开展源于孩子们对大自然的探究兴趣，对蝴蝶这种美好的小昆虫的喜爱之情。在主题开展的过程中，我们根据孩子的年龄特点，预设了一些与蝴蝶相关的故事、游戏、科学小知识、艺术创作等活动，这些活动能够满足幼儿对蝴蝶的基本认知和探究，由于孩子年龄较小，我们在预设的时候没有涉及太多深入探究。然而，由于家长资源的有效利用，我们借机生成了饲养毛毛虫的活动。孩子们亲身体验，观察、探索毛

毛虫变身成蝴蝶的全过程。这中间还发生了很多有意义的故事，比如：当毛毛虫死去的时候，孩子们切身的难受，掩埋毛毛虫的爱心，都是很好的生命教育。对于蝴蝶的很多知识，不管是老师或孩子，都是在共同探究、一起学习。整个主题的实施过程，特别是10天羽化的等待过程中，孩子们了解到很多与蝴蝶相关的知识，拓展了知识面和经验。

整个主题的开展在实施形式上是多元的，包含了集体教育活动、小组活动、区域活动、亲子活动、家长进课堂、生活活动、游戏活动等，活动基本以让幼儿亲身体验或直接感知为主，符合这个年龄段幼儿的特征。孩子们从观察中发现问题，在同伴的分享中拓展知识经验，学习品质得到了提升，探究意识和探究能力也有所提高。对老师们来说，也逐步掌握了在一日生活中科学安排幼儿学习与探究的方法，尝试以儿童视角开展课程实施，以儿童问题为导向引导幼儿开展探究活动，有效促进自身的专业成长。

第二节　小班课程故事案例

一、课程故事：探索水果种子的秘密

二、课程缘起

五月中旬，班级开展了《认识岭南佳果——枇杷》的活动。当孩子们品尝完枇杷后数着自己的枇杷核时，惊喜地发现原来每个枇杷核的数量是不等的。少则3个，最多的有

7 个。

　　树儿：我的枇杷有 6 个种子。

　　咛咛：我的只有 3 个。

　　……

　　这一发现让他们觉得很有趣：他们纷纷拿着自己的枇杷核互相比较，最后，大家把枇杷核全收集起来，这样，我们的故事开始了……

三、活动过程

（一）故事一：种枇杷

我们收集的一大盘枇杷核该如何处理？大家展开了讨论。

　　蓝蓝：老师，你要把种子拿到哪里去呀？

　　旁边的几个娃娃先后问起：对呀，对呀，老师要把种子拿到哪里去呀？

　　柔安：种子湿湿滑滑的，要不要晒干它们？

老师：这些种子，老师也没想好怎么处置，你们有什么好的建议吗？

米珞：我想拿回家给妈妈看。（之后马上有几个也说出了想要拿回家）

云涵：我们可以把种子种到门口的花盆里。（班级观察角有孩子们春天种豆留下的人手一个数量的闲置花盆）

安娜：我也想种到我的花盆里。（紧接着有不少娃娃也说出了想种到自己的花盆里）

讨论了一会儿，两种意见僵持不下，互不相让。

老师：现在有两种不同意见，怎么办呢？

孩子们你看看我，我看看你……

老师：这样可以吗？我们有这么多种子，先种一些到每个人的花盆里，多余的再带回家去。

小朋友们：好啊！可以！

第二天，老师买来了营养土，孩子们种下了枇杷核。之后我们商量了照顾方法，设计了记录表。

种下了种子，孩子们轮流浇水、经常观察、静待发芽……他们清楚地记得春天种的豆豆，三两天就发芽了。但是，一周过去、十天过去、两周过去了，枇杷种子还没有发芽！孩子们好担心、好奇怪，是种子坏了吗？不会发芽了吗？孩子们分头回家和爸爸妈妈一起查阅了资料，才知道枇杷种子的发芽周期有两周左右，于是他们又开始期待了。

6月3日回园后，当天轮值浇水的小朋友发现了有一盆种子冒出了一点小芽芽，他欣喜地告诉了老师和小伙伴，大家都开心得不得了，跑去围观，久久都不愿离开，都很羡慕奕博，他的种子是第一个发芽的。之后小朋友们的观察热情更高了，都盼着自己的种子快快发芽。

在孩子们的照料下，所有的种子都发芽了。暑假将近，它们将会被孩子们带回家，并得到照顾、观察和记录。

在这个种枇杷的过程中，孩子们收获不少。

美国一位教育家说过："大自然是世界上最有趣的老师，她的教益无穷无尽。"的确，种植是孩子们实践、探索的好活动，因为它强调真实的体验，它为孩子们展现了大自然的本色，可以充分激发和满足幼儿的好奇心。孩子们在种枇杷的过程中边调查、边探索、边实践，真实地了解了枇杷种子种植的方法，知道了怎么照顾种到泥土里的种子，感受了种子发芽成长的变化，感悟了生命的美好，习得了管理能力、观察能力，提高了语言能力。

(二)故事二：寻找水果种子

对枇杷种子的有趣发现充分激发了孩子们对水果种子的兴趣，每种水果都有种子吗？它藏在哪里呢？它们都长什么样呢？面对这么多的疑问，老师们觉得这是一个很好的教育契机，于是又开始了另一个故事，寻找水果种子……

我们通过以下几个方式进行水果种子的探索：

1. 区域活动的探索。

我们每天在生活区投放不同的水果，孩子们可以通过摸一摸、切一切、闻一闻，认识各种水果，再收集这些水果的种子进行对比、观察。

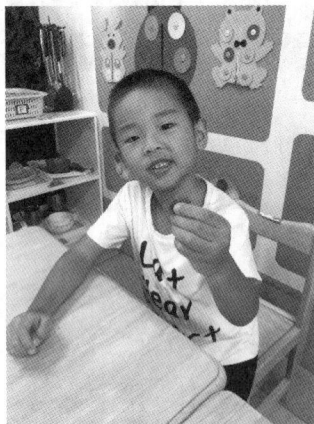

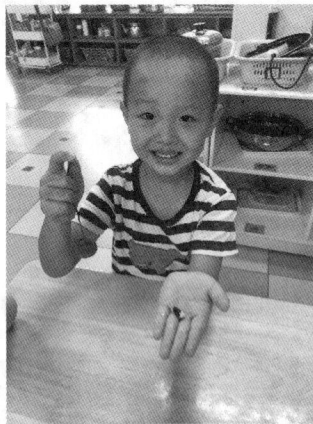

有一次，我们投放了香蕉，孩子们发现香蕉除了皮，都可以吃。那么香蕉有种子吗？香蕉的种子在哪里，长什么样？

孩子们剥开香蕉后不能很好地分辨种子，于是大家上网搜集了相关的视频，知道了香蕉肉里面的小黑点就是它的种子，只不过是它们退化了。农民伯伯非常聪明，在不用种子的情况下，也能采取科学的方法种植香蕉，所以香蕉的种子就慢慢退化了。孩子们的探索能力得到了提高。

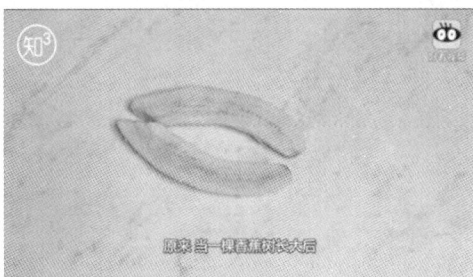

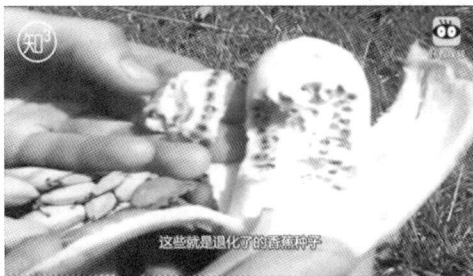

有一次，我们在生活区投放了蛇果，让孩子们去探索蛇果有没有种子，在哪里，长什么样。

第一次探索，孩子们将蛇果切开来，无论怎么找，都没发现蛇果的种子。那么蛇果到底有没有种子呢？我们又展开了第二次探索。

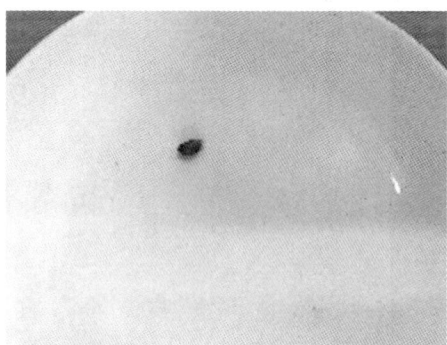

这一次探索，孩子们有了新的发现，蛇果不是所有的果都有种子，蛇果的种子很少，也很难发现。我们切开了四个蛇果，才找到了一颗种子。

2. 水果餐时间的探索。

幼儿园每天为孩子们准备了不同水果餐，利用这个条件，我们会拿当天水果餐的水果与孩子们讨论：这个水果有种子吗？在哪里？长什么样？种子是否可以吃？讨论过后，我们将水果分给每位孩子，让孩子们自己去探索。

有一次我们的水果餐是蜜瓜，孩子们抱着蜜瓜摸一摸，闻一闻。观察后，正准备切开来品尝，发现蜜瓜有点不同。

于是我们也利用这样的契机，同孩子们一起探索："蜜瓜怎么了？"

 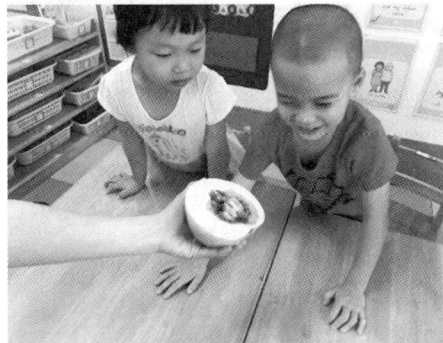

小哈：是不是有虫子爬进去了？

甜甜：蜜瓜是不是熟了自己掉下来后烂了？

奕博：我觉得蜜瓜是被喷到农药了，所以坏了。

子为：蜜瓜闻起来好臭，是不是浇了臭水沟的水才烂的。

……

3. 亲子探索。

我们设计了亲子作业单，请孩子们回家与家长一起探索。生活即教育，通过此次活动，孩子们亲身体验并发现水果里的秘密，感受到了发现秘密的乐趣。

操作是最好的探索。水果种子是生活中常见又不太容易引起注意的东西，孩子们注意到种子的存在，并通过多种感官的参与，直观感知到了各种各样的水果以及不同的种子，

通过和同伴观察、比较、讨论、探究，了解了水果和种子的特性。在操作中孩子们既感受了品尝的乐趣，又体会了"找"和"找到"的满足，更在这个过程中得到了很多意外惊喜和收获。

四、活动延伸

五月中一次品尝枇杷的小契机，让我们开启了探索种子秘密的奇妙学习旅程。虽然已过去一个多月了，但孩子们始终对水果种子的探究抱有好奇心和积极性，他们通过主动参与和思考从中收获了许多知识和经验：在真实的场景中感受了种子的生长变化，感悟了生命的美好；在亲自找种子的过程中熟悉了各种水果特性，并从形状、颜色、大小、质感等方面深入了解了种子的特点……

故事未完，孩子们的探究还将继续，因为我们保护了他们的好奇心、激发了他们的探索欲望。

五、活动反思

幼儿的深度学习是一个动态、持续的过程。在水果种子大探秘活动中，老师退居孩子身后，成为观察者和支持者，把更多的时间和空间留给孩子，让他们自由去探索、去操作、去发现，这应该就是幼儿深度学习的意义所在吧。

通过记录和表述活动，孩子们内化了观察结果，在有层次的观察活动中，观察智能和语言智能都得到了发展，并在比较和辨别活动中，发现了大的小的、多的少的、各种颜色的、能吃的不能吃的种子等，总结出水果种子的共性和差异，利用集体记录单，梳理了探究活动获得的知识，建构了新的知识经验。

第二章　中班"乐融"园本课程实践案例

第一节　中班"乐融"园本主题课程案例

一、主题名称：飞机

二、主题来源

《幼儿园教育指导纲要》指出："教师要善于发现幼儿感兴趣的事物、游戏和偶发事件中隐含的教育价值，把握时机，积极引导。"这就要求广大教师要善于在一日生活的各个环节中主动观察、了解孩子们的学习兴趣和需要，从中挖掘其所蕴含的教育价值，并积极地引导，促进幼儿主动学习。

户外活动时，天空中飞过一架飞机，孩子们的注意力都会不约而同地被飞机吸引住，马上会欢呼雀跃地喊着：飞机！飞机！飞机！

飞机对于孩子来说是熟悉的，有些孩子有过乘坐飞机的经验，很多孩子也有玩过玩具飞机，但飞机对于孩子们来说又是陌生的。飞机为什么能够在天上飞呢？孩子们对飞机都有着无限的好奇和渴望。于是，老师带领孩子们一探究"飞机的秘密"，开展了这一主题活动。

三、主题目标

一、了解飞机的外形、结构等相关知识。

二、通过语言、绘画、符号等方式表述自己对飞机的已有经验和想法。

三、感知现代高科技带给人们的便利，培养幼儿的创造力、想象力。

四、能够在家长的帮助下完成调查任务，并大胆地与同伴、老师分享交流自己的调查发现。

五、能够根据自己的想法通过绘画、搭建、折纸等方式和表现，设计飞机、创造飞机，发展孩子的想象力和创造性。

六、通过户外跳飞机游戏，锻炼运动能力，增强体能和意志力。

七、了解、体验机场乘机文明行为规范。

四、主题网络图(椭圆形内活动为生成课程活动)

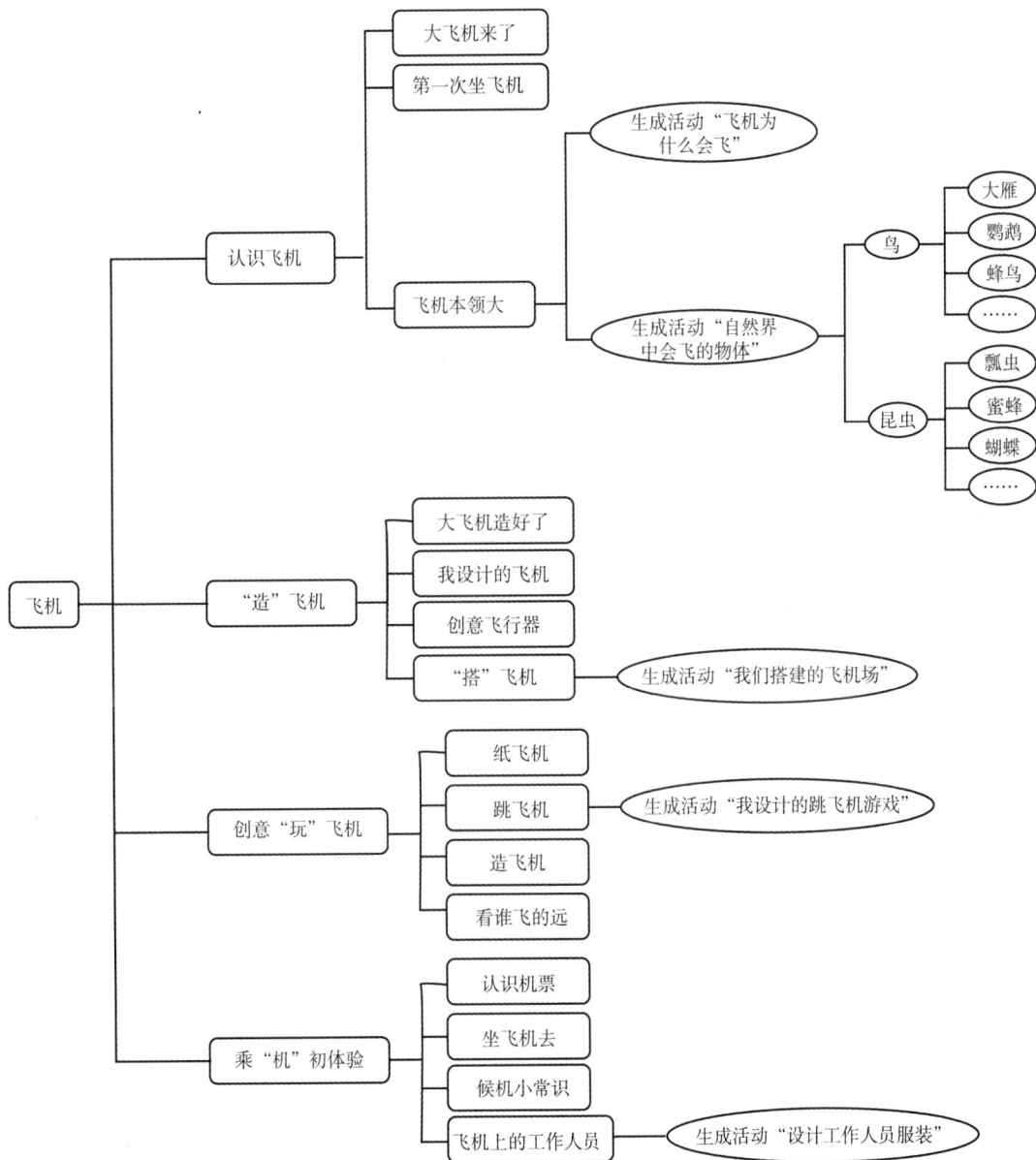

五、主题预设活动

序号	活动名称	活动类型	活动领域
01	大飞机来了	集体	科学
02	第一次坐飞机	小组	语言
03	飞机本领大	小组	科学
04	创意飞行器	区域	美术
05	大飞机造好了	户外游戏活动	科学
06	我设计的飞机	区域	美术
07	"搭"飞机	区域	社会
08	纸飞机	小组	音乐
09	跳飞机	集体	健康
10	造飞机	集体	音乐
11	看谁飞的远	户外游戏	健康
12	认识机票	小组	语言
13	坐飞机去	小组	社会
14	候机小常识	小组	社会
15	飞机上的工作人员	小组	语言

六、主题活动过程

"飞机"主题活动围绕四个方向展开探究，分别是：认识飞机、"造"飞机、创意"玩"飞机、乘"机"初体验。

(一)认识飞机

大飞机来了，为激发并保持孩子们对飞机的探究兴趣，老师准备了充气飞机，让孩子们感受到飞机的巨大，更好地认识飞机的外形。

孩子们纷纷发言，讲述着飞机的样子和自己乘坐飞机的经验。大家一起读了绘本《第一次坐飞机》，老师还通过 PPT 以及动画给孩子们讲解飞机的结构及用途。

孩子们发现：飞机的构造有机身、机翼、尾翼、引擎、轮子、发动机、驾驶室、起落架等。机身很长，里面空间很大，能搭载很多旅客。

孩子们的疑问：飞机为什么能飞起来呢？

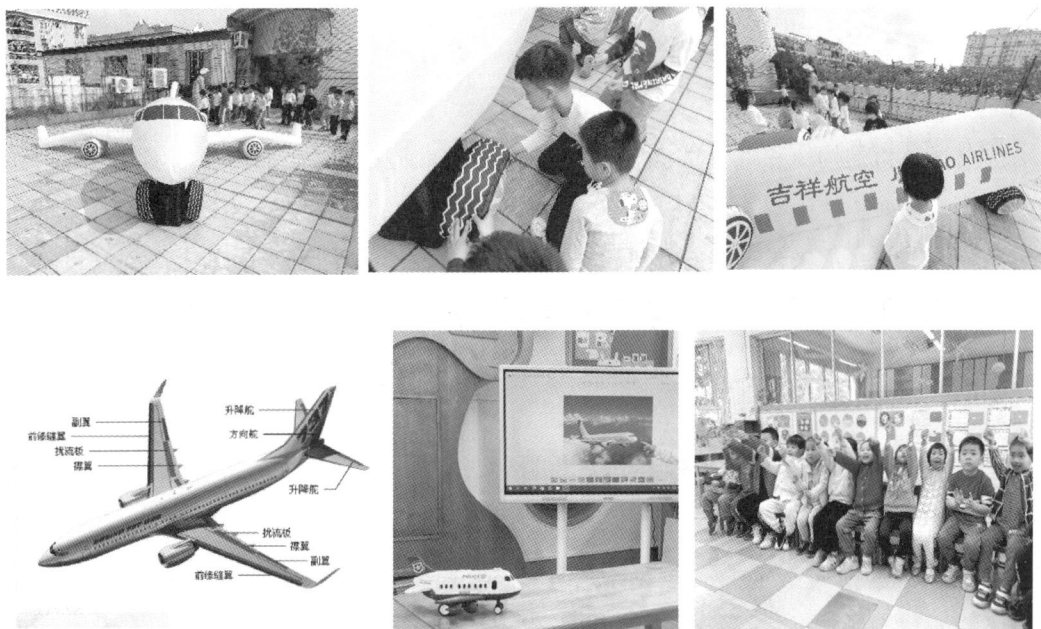

带着孩子们的疑问我们生成了新的活动，从飞机的外形看，孩子们说飞机像鸟，飞机会飞和鸟有没有关系呢？飞机会飞是不是也是因为它有一个大大的翅膀呢？于是我们开始了新的探索。

从亲子小任务调查中，孩子们了解了自然界中一些常见会飞的鸟和昆虫。回到幼儿园和同伴、老师分享交流自己的调查结果。原来很多的会飞的鸟和昆虫都是有翅膀的。他们了解到鸟的身体结构是流线型的，骨骼薄而轻，神经系统发达，有9个气囊，双重呼吸，还有强大的胸肌，最重要的是有翅膀，这就是鸟会飞的奥秘。在《飞机本领大》活动中，了解到飞机最早被发明出来就是参照了鸟的飞行原理。孩子们在活动中了解到伯努利原理，通过小实验：两张纸并排，中间吹口气两张纸会并拢，因为嘴里吹的空气把两张纸之间的空气推开了，两张纸之间的空气密度瞬间小了，密度小了气压就小，所以纸外面的气压把纸往里面压了。飞机因为上下气压差获得了一个向上的升力，飞机的升力绝大部分是由机翼产生的，空气流到机翼前缘，分成上、下两股气流，分别沿机翼上、下表面流过，这样重于空气的飞机借助机翼上获得的升力克服自身因地球引力形成的重力，从而能够翱翔在蓝天上了。

教师的思考：《指南》中指出4~5岁幼儿能根据观察结果提出问题，并大胆猜测答案，他们对于自己感兴趣的话题会持续比较久的时间。幼儿能根据已有的生活经验与社会经验联想到新的事物上，不仅仅只局限在原有的事物上，在以后的知识运用中教师还可以引导孩子们学着知识迁移。小朋友再看到飞机起飞的时候，就能联想到飞机的飞行原理，飞机因为上下气压差获得了一个向上的升力，所以能够飞行。

（二）"造"飞机

了解了飞机的构造和飞行原理，孩子们想自己来创造飞机。于是他们用绘画方式表征出自己喜欢的飞机。

安安：我设计的飞机是可以开窗的。

家莹：我很喜欢彩虹，所以我设计的飞机是彩虹飞机。

小米：我设计的飞机可以乘坐很多很多人，是超级无敌大飞机。

孩子们设计的飞机：有彩虹飞机、有能开窗的飞机、还有超级大飞机

经过直接观察、亲身体验，能更激发起小朋友们参与"造"飞机的热情。让幼儿自己展开想象力，来设计一架属于自己的飞机，小朋友们可以凭借对飞机构造的大致了解进行设计，而且在色彩的搭配上也可以丰富多彩。

著名教育家卡尔·威特在培养孩子绘画兴趣的重要性上有深刻的见解：绘画可以使孩子一生更加富有色彩，使孩子更能发现生活中美的东西，并使孩子具有乐观积极的人生态度。天马行空，创意无限，一架架新型的飞机从幼儿的脑海里直冲云霄。

孩子有一百种语言，有一百种表现方式。除了用绘画的方式表征自己喜欢的飞机的样子，还可以用大雪花片积木和乐高积木进行搭建，搭建一架大飞机。

在《大飞机造好了》的活动中，孩子们先从观察飞机外形，再到组队商量搭建飞机的哪个部分，分工合作，完成飞机的搭建。整个过程，老师就是观察者，支持者。让幼儿成为活动的主人，让他们亲自去探究和发现！

教师的思考：《指南》中指出："支持和鼓励幼儿在探究的过程中积极动手动脑寻找答

大家开始行动了

搭机头

这是机身

大飞机造好了

案或解决问题。"在造飞机的过程中,幼儿能与同伴合作探究、分享交流,逐步发展了幼儿的创造性和动手能力。孩子们共同搭建出了他们心中的大飞机,他们的奇思妙想得以自由实现。这也充分发挥了孩子们的主观能动性,小朋友们在探索中收获知识,逐渐成长,发展了能力。

在孩子们了解了飞机的结构组成后,不管用什么材料来搭建飞机都会更加得心应手,各种各样的建构材料在孩子们的手上飞舞着,不一会儿孩子们就搭起了一架架了不起的飞机。

区域活动时间,男孩们又聚在一起讨论着他们喜欢的飞机,国诚拿起乐高积木大声说:我们用这个积木来拼搭飞机吧,我们来比试一下,看看谁拼的最好看,男孩们欢呼雀跃,一场比试开始了。

教师的思考:《纲要》指出,幼儿的思维特点是以具体形象思维为主,应注重引导幼儿通过直接感知、亲身体验和实际操作进行科学学习。让幼儿多观察飞机图片,与幼儿一起讨论和交流飞机的简单结构,为幼儿提供一些有趣的探究工具,用自己的好奇心和探究积极性感染和带动幼儿。让幼儿观察常见飞机的构造,并知道它们的用途。引导幼儿用自己的语言、动作等描述它们的外形特征。

操作区的飞机越放越多,柜子已经放不下他们搭建的飞机了。

晋恺：老师，怎么办呢？柜子都放不下我们拼搭的飞机了。

老师：你们自己想想办法，看看怎么办？

安安：我觉得我们可以建一个飞机场。

皓皓：建构区有位置，我们去建构区建一个大大的飞机场。

区域活动时间，孩子们在建构区开始忙碌起来，用围合、垒高、链接、架空等技巧搭建了一个飞机场。

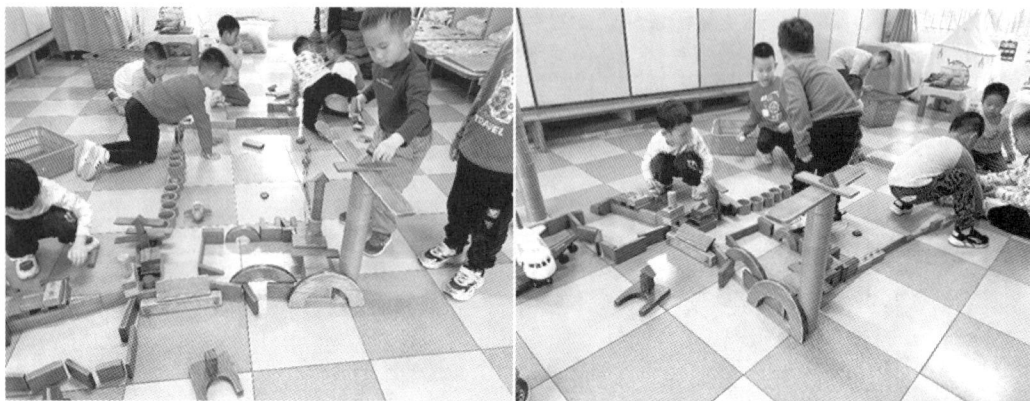

孩子们在搭建中

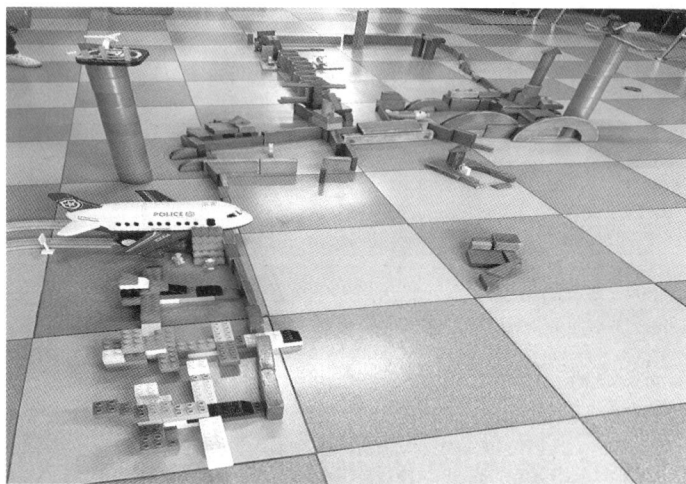

这是机场全貌

班上幼儿已经达到了根据图纸搭建的水平，能熟练运用架空、围合、垒高、连接的搭建技能，并能选择多种材料进行搭建。同时对机场的布局也作了讨论，如：飞机的升降位置？加油站建在什么地方合适？机场能停放多少架飞机？在这个过程中，他们不断尝试，不断调整，在他们不断探讨的过程中，发展了幼儿的思考能力，交往能力，同时也建立了幼儿的空间想象能力。老师惊叹于孩子们的观察能力和表征能力的同时，也庆幸自己尊重孩子们的兴趣和好奇心，才有了这么别开生面的机场建构之旅。

教师思考：在《我们设计的飞机场》这个活动过程中孩子们的讨论是热火朝天，兴趣满满的，为了遵循孩子的兴趣点，老师为幼儿提供机场图片以及区域材料，引导幼儿进行机场的设计，根据幼儿的设计自主选择材料进行搭建。在这个过程中，孩子们积极合作和交流，提出建议，分享想法。这种合作与交流能够锻炼他们的社交能力和团队合作精神。另外，还能够促进孩子们对视觉和空间的认知。他们需要考虑机场的大小、形状和布局，同时注意材料在空间中的摆放和组织，这将有助于他们发展空间感和视觉观察能力。

(三)创意"玩"飞机

《指南》中指出："创造条件和机会，促进幼儿手的动作灵活协调。"在《折飞机》活动中，幼儿通过利用彩纸折纸飞机，激发了幼儿对折纸的兴趣。纸飞机承载着孩子们小小的梦想：飞吧，飞向天空！在《纸飞机》活动中，孩子们叠一架纸飞机，插上梦想的羽翼，放飞在白云端，五颜六色的纸飞机，装载着孩子们的欢声笑语，随风飞舞。

小米：我的纸飞机飞得最高。

森延：我这个才是飞得最高的。

不管是在课室走廊，还是在户外活动，孩子们总会拿起自己折的纸飞机出来比试比试，看看谁的飞机飞得高飞得远！

户外体育时间，孩子们拿起呼啦圈就开始摆弄起来。

维妮：我们把呼啦圈摆成飞机的样子吧。

天询：我们来玩跳房子的游戏吧。

翊彤：老师说过，跳房子的游戏也叫跳飞机，我们已经把呼啦圈拼成飞机的样子了。

孟骐：我们男孩子和女孩子来比赛吧，看看哪队跳得快。

于是，孩子们的比赛开始了，整个操场都是孩子们的欢声笑语。

玩了跳飞机游戏之后，孩子们突发奇想，说要设计属于他们自己的跳飞机游戏，于是又生成了新的活动。

这是家莹设计的跳飞机游戏，两个人从 1 开始同时出发，不能踩线，一个格子就是一只脚跳，在数字 3 两人分开往下跳。一直跳到数字 5。

这个是彭裕设计的跳飞机游戏，彭裕说：我这个跳飞机游戏每次能玩两个人，一个从数字 1 出发，另一个从机尾出发，到数字 5 相遇了的话，需要石头剪刀布，赢了的人可以继续前行，输了的人回到起点。

在"飞机"的主题活动开展过程中，我们始终都是让幼儿通过观察、讨论、图示、制作、探索等方法与手段，让孩子在动手操作，做做玩玩中自主获得相关的经验与技能。这不仅能提高孩子们的动手实践能力，还能激发孩子们的探索意识。孩子们在玩中学、学中玩的过程中收获满满。

(四)乘"机"初体验

孩子们除了对飞机充满好奇外，还对乘坐飞机充满了好奇。

寒假刚刚乘坐飞机去天津的洛宁和大家分享了她的乘机经验。

宁宁：先坐车去到飞机场，去到飞机场要办理登机牌，然后就等着坐飞机，飞机很大很大，可以坐很多人。飞机在天上飞的时候会有点晃动，妈妈说是遇到气流了。还会有空姐来派送飞机餐，我很喜欢吃飞机餐，还有坐飞机时要系好安全带。

听了宁宁的分享孩子们纷纷讨论起来。

奕涵：我也想去坐飞机。

知蕙：我想吃飞机餐。

小琳：我不太想坐飞机，我怕晃动。

于是我们开展了《认识机票》《认识飞机的工作人员》《候机小常识》等系列活动。

发现孩子们对飞机场的指挥员、空乘服务人员的角色扮演非常感兴趣，于是老师们开

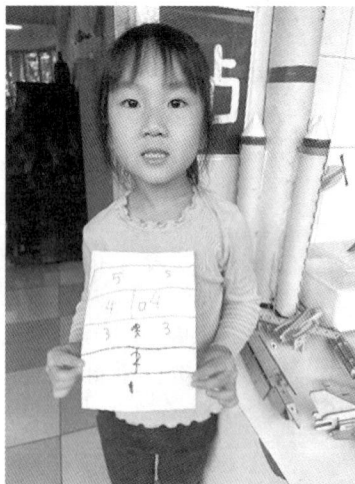

孩子们在制作"创意飞行器"

展了《坐飞机去》的情景模拟活动。在本次活动中，孩子们化身小小指挥员、小小空姐和空少，开启了一段有趣的飞行体验。在此过程中，孩子们将之前活动中认识到的登飞机过程、乘机注意事项、各个工作人员的工作内容等都一一模拟表演出来。

教师的思考：角色游戏是幼儿最喜欢的游戏之一，幼儿通过角色扮演，可以很好地发

办理登记牌　　　　　　　　过安检　　　　　　　　空乘服务

展创造力和想象力。在角色游戏中，幼儿以一物代替另一物。例如，把木板当作安检板，纸片当作飞机票，水壶车当作餐车等。角色游戏具有创新性、趣味性和独特性，能使幼儿在游戏活动中更有参与感，愿意积极参加相关游戏活动，有利于促进幼儿的社会性发展。

游戏过后，孩子们将自己理解的候机小常识绘画出来。

这个是彤彤理解的候机小常识：1. 到达机场后到柜台值机，然后工作人员给了我一张登机牌；2. 我的机票，是从广州飞往南京的（老师帮忙写的字母）；3. 确认机票后进行行李托运，我有两个箱子呢；4. 工作人员正在进行安检，我顺利通过；5. 到达登机口（老师帮忙写的字）；6. 坐上飞机前往目的地。

从孩子的画中可以看到孩子对候机基本流程是已经掌握的，等孩子真正要去乘坐飞机时，这些候场小知识都能用上。

（这个是小琳和洛宁设计的候机流程，与彤彤的设计大致相同）

孩子们在活动中发现了机场工作人员的服装是不一样的，于是，又有了给工作人员设计服装的想法。

维妮：我给空姐们设计的服装是五颜六色的裙子。

筱祺：我设计的是机长穿的衣服，这件衣服是防爆炸的，遇到危险时，可以从飞机上跳出来，衣服里面藏有降落伞。

彤彤：我设计的是一条长长的裙子，这个是值机的工作人员穿的衣服，因为机场空调很冷，所以穿长长的裙子就不怕冷了。

教师的思考：《指南》中指出："创造机会和条件，鼓励幼儿积极参与艺术活动，支持幼儿自发的艺术表现和创造。"幼儿进行大胆创作，画出自己理解的候机流程，还有各式各样的工作人员服装，孩子们体验了用不同的艺术形式去创作作品。

七、主题活动反思

对于"飞机"这个主题，孩子们一开始就有着极大的兴趣。老师和孩子们一起了解飞机的发展与演变的历史过程，认识飞机的组成部分及功能，孩子用绘画的形式设计出自己喜欢的飞机；用纸来折一折纸飞机；玩一玩跳飞机游戏；用积木拼搭出了一架大飞机；认识飞机上的工作人员，并学一学工作人员，体验一下当旅客的感觉。孩子们对于飞机为什么会飞充满了好奇，于是带着孩子们的疑问，生成了"飞机为什么会飞""我们设计的飞机场"等课程活动，为了让孩子们更好地了解飞行的"伯努利"原理，老师们设计了小实验，让孩子们亲身感受，体验升力和空气助力，将知识与实操相结合。

幼儿在画、折、玩、说、做等活动中，认识了解了飞机，既满足了幼儿的好奇心与探究欲望，又增强了幼儿的动手动脑能力。老师们会始终坚持以幼儿兴趣为出发点，寓教于乐，玩中学，学中玩，让幼儿收获快乐，得到发展。《指南》中指出：幼儿的学习经验是以直接经验为基础，在游戏和日常活动中进行的。本次课程活动中孩子们自己通过认识飞机、了解飞机、设计飞机、折飞机、玩飞机，收获的不仅仅是科学认知经验，这里还包含了五大领域的内容，更锻炼了孩子们积极主动、善于发现、乐于创造的学习品质。设计各种各样飞机的时候，能积极思考并用绘画、手工等方式大胆表现飞机，幼儿的想象力和创造能力得到了极大提升。

陶行知说："教育的根本意义是生活之变化，生活无时不变，即生活无时不含有教育的意义。"在生活中发现促进幼儿心灵成长的养料，通过不断地拓展、挖掘，最终形成一系列最贴近幼儿认知与兴趣的课程。在未来的道路上，老师们会继续以幼儿兴趣作为出发点，充分利用生活中的课程资源、游戏资源，促进幼儿在生活中、游戏中不断获得成长与进步。

第二节 中班课程故事案例

一、课程故事：花花世界

二、课程源起

春天，幼儿园的木棉花开了，朵朵红色的木棉花掉落下来，仿佛一张红色的地毯。户外活动的时候，孩子们兴奋地捡起木棉花玩，有的孩子把花送给老师，有的孩子说要把花带回家煲茶喝。

"木棉花煲凉茶是广东人的习惯，我们可以把木棉花收集起来晒干，用来煲凉茶！"

说干就干，孩子们你一朵我一朵地很快就把地上的木棉花收集起来了。

怎么才能晾晒这些花朵呢？我们想到了把花朵串在一起，挂在教室门口向阳的地方。

在春日暖阳的照耀下，我们晾晒的木棉花干了。孩子们惊喜地发现串串纯天然的花朵项链非常有特色，忍不住把项链挂在了脖子上。

晒干的木棉花散发出阵阵的清香，我们用干花煲了满满一壶"木棉花凉茶"，当大家品尝这道广东的特色茗茶——木棉花茶时，七嘴八舌地议论起来：

"老师，原来木棉花茶好好喝呀！

"老师，木棉花茶甜甜的！"

"木棉花茶比饮料好喝！"

"我也要叫妈妈煲木棉花茶！"

……

　　自己亲手捡回来的花可以熬制出比饮料还好喝的茶，孩子们满足极了。意犹未尽的小朋友们又开始关注起幼儿园里其他开放的花朵。孩子们又一起进入了这个花花世界，去探究、去发现、去思索、去体验……

三、活动过程

(一)探花之旅

活动一　寻觅园中的花

　　幼儿园里众花竞相开放，犹如美丽的"大花园"。孩子们一看到花儿就指着问老师这是什么花呀？是不是也可以像木棉花一样泡茶喝？在花农阿姨的帮助下，我们整理和总览了园中现有的花的品种，并给孩子们讲解了花的名称、形状与颜色等。通过制作的一份《寻觅园中的花》的调查表，孩子们可以带着表格去寻找这些花儿在哪儿，并一睹它们的风采。

　　一些细心的孩子还发现了幼儿园还有一些表格上面没有罗列出来的花，孩子们也把它们画在了空白格子里，并请老师帮忙用手机通过百度扫描查阅这些花的名称。

孩子们不禁感叹原来幼儿园真的有那么多品种的花儿，老师也惊叹孩子们又认识了那么多不同种类的花。

活动二 园中最受欢迎的花

那么多的花，大家最喜爱哪一种呢？哪种花是最受大家欢迎的呢？

"我们可以去问问大家！"乐乐提议说。

"嗯，我们当小记者去采访一下大家吧！"

孩子们带着"我最喜爱的花"的调查表，分成四个采访小组出动了！孩子们分工明确：有人负责寻找要采访的人，有人负责拿着麦克风采访，有人负责带着笔和统计表做好登记。

"老师您好/小朋友你好！我是双语大三班的小记者，请问你最喜欢幼儿园里的哪一种花？""小记者"有模有样地采访其他班的老师和小朋友，带着统计表的孩子负责做好登记，每个小组计划采访10个人。

最后，孩子们对调查结果进行统计，发现鸡蛋花是幼儿园里最受欢迎的花。

活动三 认识花的结构

"老师，花儿好美呀？好想拆开来看看里面有什么？"萱萱拿着一朵鸡蛋花跑过来问老师。

那天，老师破例摘了几朵花回到活动室，同孩子们一起"拆花"，花被拆成了花瓣、花蕊（雌蕊、雄蕊）、花萼、花托。

"花的每个部位有什么作用呢？"带着问题，孩子们一起查阅资料后发现，原来花儿的每个部位都有其功能，如花冠靠美丽的颜色招引昆虫前来传粉、花瓣保护花蕊、花萼在花朵尚未开放时起着保护花蕾的作用……原来，这些花朵里面蕴含着如此神奇的生长秘密！"大自然真神奇，让我们一起去探索吧。"

活动四　花瓣的多少与大小

如果把神秘的花朵花瓣一片一片取下来，那么哪些花的花瓣数量多一点？哪些会少一点？比一比，哪些花朵的花瓣最大？哪些花朵的花瓣最小？孩子们的好奇心一下子都聚焦在了花瓣的大小与多少上了，大家一起观察、一起记录。

活动五　花之用

花儿很美，除了可以观赏外，它们还有什么用处呢？

"我知道，有的花晒干了可以煲茶喝。"

"有的花可以做香香的香水呢。"

"我吃过用桂花做的甜品。"

……

带着疑问孩子们对园里花的用途进行了探究和讨论，同时，借助"秒懂百科"，大家对花的用途有了以下的研究结果：

木棉花　　　春天(3~4月份)　　　　做茶、煲汤、入药

鸡蛋花　　　夏、秋(5~10月份)　　　做鸡蛋花茶、入药、提取香精(用作高级化妆

品、香皂、食品添加剂)

| 白兰花 | 夏、秋 (4~10月份) | 做花茶、做香囊、做香水 |
| 桂花 | 秋(9~10月份, 四季桂整年开花 | 做桂花糕、桂花茶、 桂花酒、做香料 |

花名称	花期	用途
木棉花	春 (3~4月份)	做茶、煲汤、入药
鸡蛋花	夏、秋 (5~10月份)	鸡蛋花茶、入药 提取香精 (做高级化妆品、香皂、 食品添加剂)
白兰花	夏、秋 (4~10月份)	做花茶、做香囊、做香水
桂花	秋 (9~10月份, 四季桂整年开花)	做桂花糕、桂花酒、桂花茶、做香料

(二)玩花之旅

活动一　写　生

孩子们拿着绘画工具,去园中寻花、看花、绘花。美丽的花儿在孩子们笔下呈现出不同的形态,这是属于他们自己的对花儿的独特表达。大自然里的一花、一草、一木,都是孩子们信手涂鸦的素材。

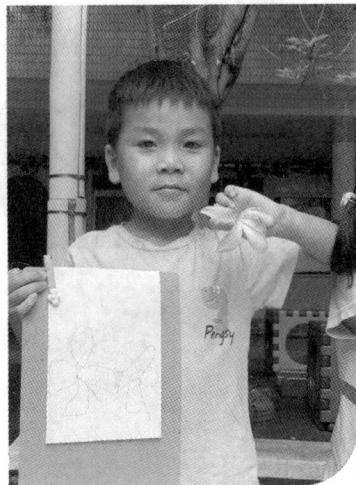

活动二　水彩印花

　　鸡蛋花一般有两种颜色：花的周围是雪白雪白的，就像蛋白；花的中间是明艳艳的黄色，就像蛋黄。花儿会凋谢，那么用什么方式可以留着她的美丽呢？用满身优雅的鸡蛋花擢上颜料，印在画本上，花儿似乎在画本上重生了，真的好美！

　　自从学会了鸡蛋花印画，孩子们只要有空就会去庭院捡几朵鸡蛋花，放置在美工区、观察区，区域活动时孩子们都爱到区域里创作与探索呢！

活动三 干花拼贴画

花儿凋谢后何去何从？孩子们对凋谢的花儿感到可惜，他们想尝试着用其他方法留住花儿的倩影。通过回家和爸爸妈妈一起查阅资料，孩子们发现了一个新方法——干花拼贴画，就是用压花器把花朵压干后做成拼贴画。看，花儿在我们的作品中栩栩如生，真的好漂亮啊！

活动四 "花开了"

花儿那么美，我们来模仿花儿是怎样开放的吧！两只小手并在一起，是含苞待放的花蕾；两只小手往外打开，是绽放的花朵；在两手之间露出我的笑脸，就是一朵快乐的花儿！我们可以变成更大的花朵吗？可以！手拉手来玩花合花开的游戏，每个人都来当花瓣，一起努力让花儿盛开吧！

(三)爱花之旅

活动一 留住花儿的美

鸡蛋花虽美，但很快就枯黄了，孩子们说太可惜了，好想留住鸡蛋花的美！

"我要把鸡蛋花带回家去，给爸爸妈妈看。"JoeJoe 说。

"但是鸡蛋花会变烂的。"月月提醒他说。

"可以把鸡蛋花放在冰箱里。"安安说。

"把它拍照下来，变成图片，就是漂亮的花。"班上潘登"博士"发表了他的独特见解。

压花器首次出场

为了解决这个难题，老师找来了一个压花器，把鸡蛋花压干后用过塑纸把花封塑起来。压干后的鸡蛋花保持住了它的美丽，孩子们很好奇。

鲜花树脂也出场了

老师和孩子们找到了一个永久保存鲜花的方法——鲜花树脂。

鲜花树脂是什么呢？老师们给孩子们搜集了一些鲜花树脂的图片，孩子们特别兴奋，很感兴趣。

于是大家一起在网上买了鲜花树脂的材料。

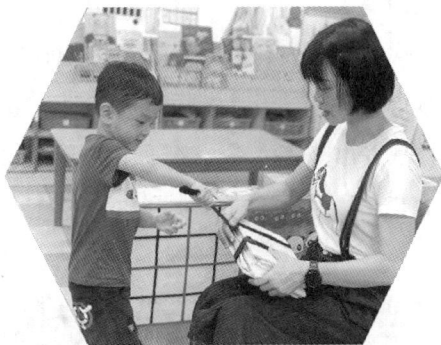

收到鲜花树脂材料后，老师马上给孩子们做了演示，并请孩子们尝试亲自操作。看着被封存起来的花朵，孩子们又好奇、又兴奋。

鲜花树脂制作过程

1. 将A凝胶倒入量杯中。

2. 将3分的A凝胶倒入透明杯中。

3. 将1分B凝胶倒入透明杯中。

4. A凝胶与B凝胶的比例为3:1

5. 将A、B凝胶搅拌混合以排除小气泡。

6. 将一半混合好的凝胶倒入模具中。

7. 放入鲜花，再倒入另外一半凝胶。

8. 静置一天后，脱模。

干花的美

有一次，老师收到了一束鲜花，花放在班里的钢琴上。眼看漂亮的花束就要凋谢了，孩子们觉得好可惜，于是老师和孩子们一起把花晾在课室门口的通风处。一个星期后，花束干了，散发出阵阵清香。老师和孩子们将干花束起来，孩子们很高兴看到又有一束新奇的更美的花儿，而且还可以放这么久的时间。

活动二　戴花儿

户外活动时，女孩子们捡来地上的鸡蛋花，还把美美的花插在耳朵边，别提多美丽呢！

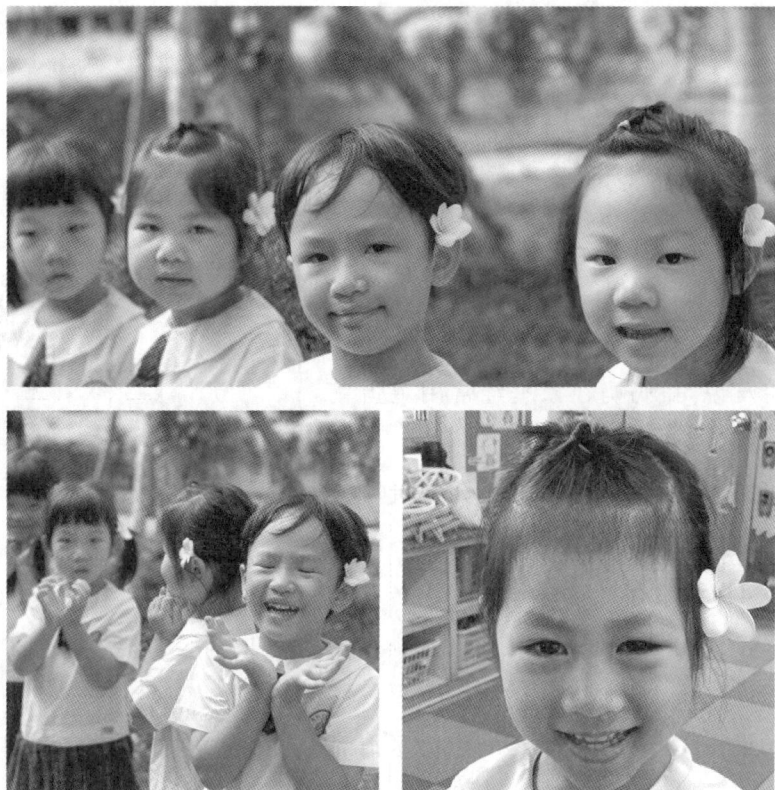

活动三　花　之　语

为什么妈妈和漂亮姐姐们去到海边都那么喜欢把鸡蛋花插在头上，又摆出那么优美的动作，不停地拍照呢？

小葵说："因为很漂亮。"

"是不是每一种花都可以戴在头上呢？"

吴虬说："我知道，菊花不是的，菊花是给去世的人的。"

是的，不同的花都有不同的象征意义，每一种花都代表着一种语言，人们称之为"花语"。

借着这个机会老师和孩子们认识了幼儿园里不同种类花朵的花语。孩子们知道了每种花因为不同的姿态、神韵所以被人们赋予了一种语言，这是在长期的人类生活中形成的一种语言文化，更是这些美丽花的生命表达。

活动四　食花之旅

做花茶

木棉花、鸡蛋花和桂花等除了具有观赏价值以外，它们还可以做成花茶泡水喝。现在孩子们很喜欢把捡回来的花放置在观察区，等把这些花晾干后再泡上一壶香气四溢的花茶来喝。

靓花煲汤

凯晴小朋友说："奶奶在家里经常用鸡蛋花煲汤。"

佘老师也曾经向大家推荐过"小儿双蛋汤"，这种汤对小孩上火、喉咙发炎有良好疗效，鸡蛋花既不寒凉又可以清热消炎。

泽泽说："我在家里吃过扁豆木棉花汤，很好吃的！"

原来夏天里，广东人喜欢煲这一道汤来清热去湿。

做桂花糕

孩子们晾干的桂花散发着一阵清香。由于有了老师的帮助，孩子们学着蒸好糕底，然后再撒上桂花，这样一盘香甜的桂花糕大功告成啦！

四、延伸阅读

关于花的绘本有很多，老师选择了两种绘本进行了师幼共阅，因为这两本绘本传递着美和正能量。

绘本故事——《彩虹色的花》　故事告诉孩子们快乐的来源是从自己内心发出的，小朋友们不仅每天都要开心快乐，更要健健康康地成长。

绘本故事——《花婆婆》　故事传递出一种坚毅勇敢的精神，充满了温馨和温暖。它告诉孩子们如果每个人努力做出一件让世界变得更美好的事情，美丽将无处不在。

五、活动反思

《纲要》中指出："要充分利用自然资源，扩展幼儿生活和学习的空间"，"教育内容既要贴近幼儿生活，又要拓展幼儿经验和视野。"基于此，老师们把生活中随处可见的资源与班级课程结合起来，围绕孩子们感兴趣的花，展开了探花、玩花、爱花、食花等系列活动，形成了班级课程故事——"花花世界"。

"生活化"课程，旨在让孩子们懂得我们的生活取之于自然并回赠于自然。老师们帮助孩子们感知自然、感知生活、感知人与自然的息息相关。

大自然是一本很好的教科书，幼儿园里的各色花儿吸引着孩子们的注意力。从木棉花到鸡蛋花、桂花，孩子们发现了好多关于"花"的秘密。当然，随着园里的各种花的陆续开放，花的故事还没结束。老师们将带着孩子们继续寻觅、探索，在"花"的王国里尽情徜徉。

第三章　大班"乐融"园本课程实践案例

第一节　大班"乐融"园本主题课程案例

一、主题名称：你好，蚕宝宝

二、主题来源

"塘里鱼儿肥，基上桑林绿"，描绘的就是珠三角极具特色的农业生态系统"桑基鱼塘"，佛山是珠三角桑基鱼塘最集中的区域。池埂种桑、桑叶养蚕、蚕砂养鱼、塘泥肥桑，种桑养蚕带来的不仅是巨大的经济效益，而且还蕴含着浓厚的人文底蕴。顺德一带是珠三角基塘农业的发源地，蚕桑生产历史悠久，蚕业文化源远流长。

《幼儿园教育指导纲要》指出：要充分利用社会资源，引导幼儿实际感受祖国文化的丰富与优秀，感受家乡的变化与发展，激发幼儿爱家乡、爱祖国的情感。对于生活在顺德的孩子来说，"蚕桑文化"就在身边，有的孩子跟随爸爸妈妈去过"南国丝都"，初步感知了蚕的生长过程，而我们的幼儿园也种植桑树，孩子们知道桑树叶可以喂养蚕宝宝。如何让孩子们充分感受蚕桑文化的魅力呢？在一次主题为"蚕宝宝"的晨谈活动中，孩子们提出要饲养蚕宝宝的想法。老师们支持孩子们的想法，把"蚕宝宝"请进幼儿园，让孩子们做小小"养蚕工"，通过亲身体验、实际操作，真实走进蚕宝宝的世界。

三、主题目标

一、了解蚕的外形特征、感知和发现蚕的生长变化及养蚕的基本条件。

二、能通过语言、绘画、符号等方式表述自己饲养蚕宝宝过程的发现和想法。

三、能在成人的帮助下完成调查计划，在探究中能与同伴合作与交流。

四、了解蚕的生长过程与环境的密切关系，知道尊重和珍惜生命。

五、愿意养蚕和关心蚕，体验养蚕的乐趣。

六、体验剥茧抽丝,进一步了解蚕变蚕蛾的过程。

七、了解本土桑蚕文化,并能分享表达自己的见闻感受。

四、主题网络(椭圆形内活动为生成课程活动)

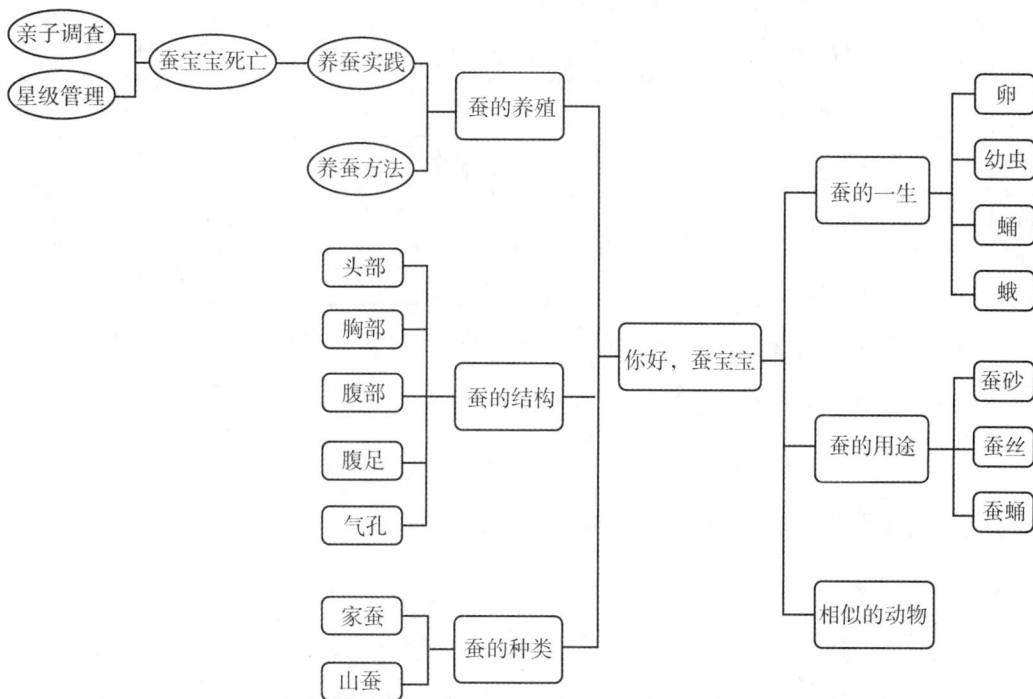

五、主题预设活动

序号	活动名称	活动类型	活动领域
1	蚕的身体	分组教学活动	语言领域
2	可爱的蚕	分组教学活动	艺术领域
3	快乐的蚕宝宝	集体教学活动	健康领域
4	蚕宝宝的一生	区域活动	科学领域
5	蚕宝社爱跳舞	分组教学活动	艺术领域
6	儿歌蚕宝宝	日常活动	语言领域
7	蚕宝宝与飞蛾	分组教学活动	艺术领域

序号	活动名称	活动类型	活动领域
8	养蚕的知识	亲子调查	科学领域
9	蚕宝宝日记	区域活动	语言领域
10	蚕宝宝的食物	日常、区域活动	科学领域
11	寻找桑叶	社会实践	科学领域
12	蚕砂的用途	日常活动	科学领域
13	为蚕宝宝做新房	亲子、区域	科学领域
14	蚕茧抽丝	亲子活动	科学领域
15	参观南国丝都	亲子、社会实践	社会领域

说明：活动类型包含分组或集体教学活动、社会实践活动、区域渗透、日常活动、亲子活动、家长进课堂、户外游戏活动等。

六、主题活动过程

（一）初见蚕宝宝

在一次晨谈活动中，孩子们主动提出想饲养蚕宝宝。于是，老师们去南国丝都购买了蚕卵和幼蚕，投放在观察角里，幼蚕的到来立刻吸引了孩子们的眼球，他们纷纷围过来观察，并七嘴八舌地讨论起来。

——这个盒子里的是什么呀？

——这些小黑点很像菜籽。

——小黑点也像芝麻呢。

——这些蚕宝宝很细小，它们吃什么呀？

——它们好像毛毛虫呀。

——毛毛虫长大是不是会变成蝴蝶呀？

——我有点儿怕，不敢抓它们……

为了进一步积累孩子们关于蚕的前期经验，老师们进行了"蚕宝宝知识小调查"工作，孩子们根据自己的认知经验，用绘画的形式表达了自己对于蚕宝宝的认识和了解，并在小组中进行了分享交流。

教师的思考：通过前期小调查，老师们发现大部分孩子没有亲身接触过蚕宝宝，对蚕的认识了解都比较少，同时又对蚕充满了好奇，孩子们迫切希望能更好地了解蚕的生长过程。由于有了兴趣的引导，老师和孩子们开展了"认识蚕宝宝""蚕宝宝的一生"等科学活

动，目的就是让大家初步认识、了解蚕宝宝的生长过程。

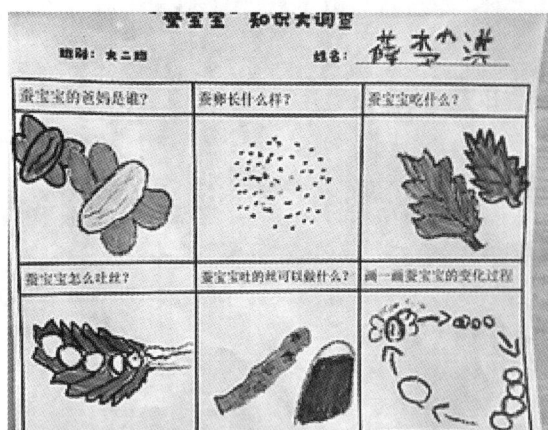

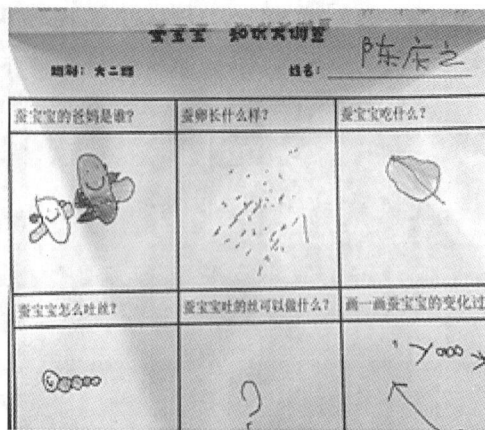

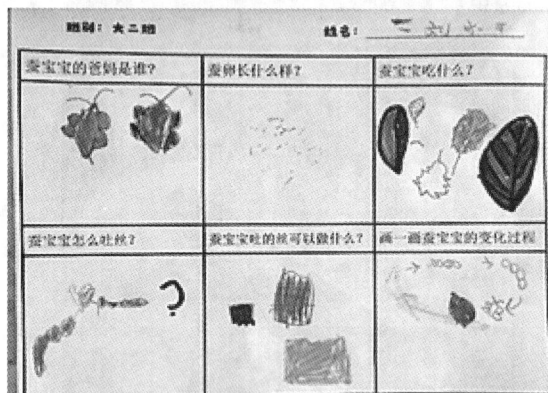

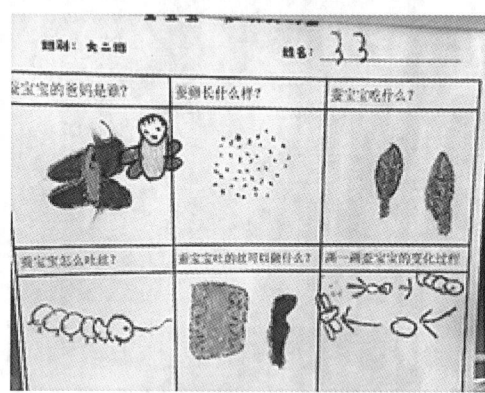

(二)饲养蚕宝宝

1. 孩子的疑惑

饲养角里的蚕宝宝日渐长大,每天都有一群孩子会围着饲养角观察蚕宝宝。孩子们对蚕宝宝充满好奇,一个个问题又从他们的小脑袋里蹦出来:

——蚕宝宝可以晒太阳吗?

——蚕宝宝需要睡觉吗?

——蚕宝宝能喝水吗?

——蚕宝宝只能吃桑叶吗?可不可以吃其他叶子呢?

——蚕宝宝可以吃肉吗?

——蚕宝宝为什么会吐丝结茧?

教师的思考:面对孩子们各种各样的问题,老师们意识到孩子们对养蚕充满了兴趣,老师们抓住这一教育契机,并以"饲养蚕宝宝"为切入点,开启了"你好,蚕宝宝"的主题探究活动。

孩子们带着问题与爸爸妈妈一起查找资料、寻找答案,并自制了"养蚕知识秘籍"。

家长们带领孩子通过查阅手机、电脑搜索、书本阅读等方式了解了许多有关饲养蚕的知识,然后孩子们会把收集和记录的养蚕知识带到班上,分享给小伙伴们。

教师的思考:孩子兴趣点的形成是从观察蚕的外形再到饲养蚕的全过程进行的。为了更好地利用资源,老师们让家长和孩子们一起参与养蚕活动,一起上网查找有关资料,同时还鼓励孩子们积极与同伴一同交流分享调查的结果,老师们把这些获得的信息和知识进行汇总分析,进一步激发孩子们新的兴趣点,为后续课程的开展作好准备。

2. 蚕宝宝生病了

饲养蚕宝宝一段时间后，孩子们发现了有的蚕宝宝不知为什么开始不吃不喝，有的蚕宝宝身体变得黄黄的，有的蚕宝宝身体卷缩起来，有的蚕宝宝身体变得僵硬起来。没过多久，好多蚕宝宝相继死亡了……

孩子们对蚕宝宝离奇死亡很难过，也充满了疑惑，他们大胆地猜测：

——蚕宝宝可能吃错了什么，拉肚子了？

——蚕宝宝生病了？

——蚕宝宝是冷死的，还是太热了？

——蚕宝宝被捏死了？

——蚕房太小，蚕太多，它们挤死了？

针对这种情形，老师引导孩子针对蚕宝宝的死因开展了调查。

(三)调查结果分享

为了更好地弄清楚蚕宝宝死亡的原因，孩子们回家与爸爸妈妈一起探讨调查蚕宝宝死亡的可能原因以及怎样才能找到科学养蚕的方法，并将调查的结果带回班上与小伙伴一起分享讨论。

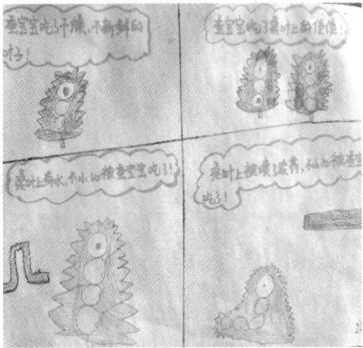

(四)星级照顾

在分享交流后,孩子们总结出了一些饲养和照顾蚕宝宝的注意事项:

1. 在挑选桑叶前必须了解桑树是否有喷洒农药。

2. 在喂食前要将桑叶擦干净。

3. 在"蚕房"里投放温度计,时刻关注温度的变化。

4. 值日生每天定时清理蚕宝宝的粪便,实行"星级"照顾蚕宝宝。

小结:通过调查蚕宝宝的死亡原因,学习饲养蚕宝宝的科学方法,孩子们懂得和积累了很多饲养蚕宝宝的知识和经验,并有针对性地轮流对蚕宝宝实行了"星级"照顾。虽然还存在蚕宝宝死去的现象,但是孩子们依然坚守岗位,并尝试"拯救"蚕宝宝,在一次次失败中寻找原因、分析问题和总结经验。孩子们在照顾蚕宝宝的过程中不断优化护理方法,知道幼蚕吃嫩桑叶就将桑叶剪碎，知道桑叶不能沾水，就在喂食蚕宝宝前擦干桑叶，知道环境不能太热也不能太冷，知道蚕居住的地方要干净……

在每天对蚕宝宝的照顾、观察中，孩子们对养蚕的兴趣变得愈发浓厚，他们喜欢探索有关蚕宝宝生长的一切事项，积累的养蚕知识和经验也越来越多。在这个过程中，孩子们的主动性和责任意识逐步提高了，同时还感悟到了生命成长的神奇之处。

(五)给蚕宝宝换房子

蚕宝宝已渐渐长大，蚕宝宝住的地方已开始拥挤了，孩子们提出要为蚕宝宝更换新家，大家都来给蚕宝宝设计新房子。

房子设计图画好了，大家一起行动为蚕宝宝做吐丝用的房子。有的孩子是与爸爸妈妈一起制作新房子，有的孩子是在木工区域里用木块为蚕宝宝制作大房子……

(六)蚕宝宝吐丝结茧

通过前期的调查和学习，孩子们知道了蚕宝宝长大后会吐丝结茧，于是孩子们每天都要去观察蚕宝宝有没有开始吐丝结茧。

为了真实地了解蚕宝宝什么时候就要吐丝，老师们在蚕宝宝的房子旁架起一个手机，把整个过程录制了下来，回放给孩子们慢慢看。

孩子们最终得到答案：当蚕宝宝停止吃桑叶，身体就会变成透明状，同时头往上抬时，这就意味着快要吐丝结茧了。开始蚕宝宝会编织一些粗而有力的丝线搭起一个牢固的支架。当支架搭好后，蚕宝宝会排出体内的最后一点粪便和体内多余的液体，液体排完后，它们会变得一动不动，不到一会儿就会慢慢把自己包裹起来。

(七)参观南国丝都博物馆

众所周知，蚕丝可以用来做衣服，那么人们又是如何从蚕茧里把丝抽出来的呢？

带着疑问，老师、幼儿和一些家长一起来到顺德大良"南国丝都博物馆"，在了解养蚕文化的同时，让孩子们了解了古人是用什么工具抽丝剥茧的。

在博物馆里，孩子们了解了顺德一千多年前丝绸文化的历史，并观看了缫丝剥茧的操作过程，这不仅开拓了孩子们的视野，了解了民间丝绸的文化，还激起了孩子们新的探索欲望。

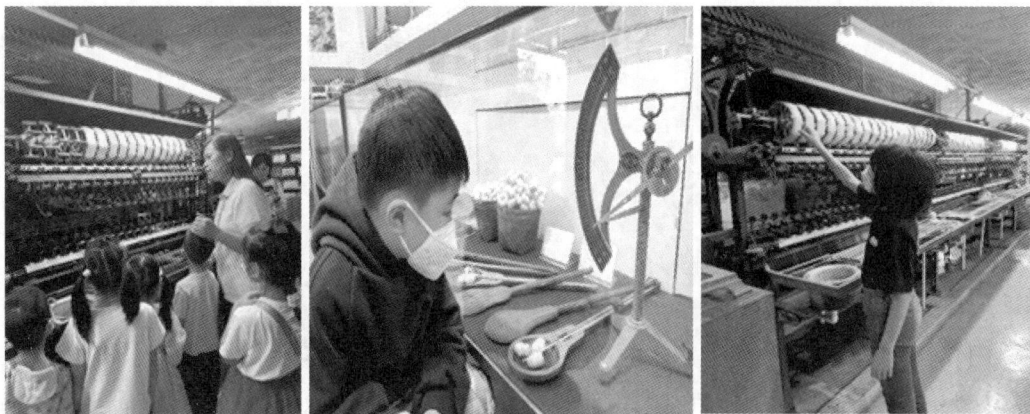

(八)抽丝剥茧

那些被孩子们精心照料的蚕宝宝已健康成长开始吐丝结茧了。参观完南国丝都后，那么蚕丝又是如何制成衣服、棉被的呢？带着好奇，孩子们的抽丝剥茧小实验开始了！

(九)破茧成蛾

老师们把部分蚕茧投放在班上养殖区域里，让孩子们观察蚕蛾的破茧吐丝。

一天早上，孩子们惊喜地发现有几只蚕蛾已破茧而出，他们兴奋不已地讨论着，并坚持着每天都来观察蚕蛾的变化。

安晴：蚕蛾太可爱啦！

再林：我知道胖的那只是公的，瘦的那只是母的。

婷月：这两只蚕蛾相爱啦。

晓如：它们结婚生宝宝啦……

(十)主题活动反思

对于孩子们来说，养蚕的过程就是一个学习的过程。孩子们一起观察、一起发现、一起讨论，这样的学习过程既快乐又真实，令孩子们印象深刻。课程的生成是基于孩子的兴趣开始的。在养蚕的过程中，孩子们对蚕宝宝的变化和动作吸引着，他们对蚕宝宝的外形特征、生活习性产生了很多疑问，这些疑问就成了课程生成的主要来源。教师通过绘本阅读、观看视频、展示标本、调查讨论等不断地、推动着孩子们对蚕宝宝进行一步步深入的探究，让孩子们一直保持浓厚的兴趣。随着课程的进一步形成，孩子们懂得了养蚕的不易，发现了生命的奥秘，养成了责任感、发展了主动性，提高了诸多能力。

第二节 大班课程故事案例

一、课程故事：探秘木棉

二、课程活动缘起

阳春三月，草长莺飞。近期，顺德机关幼儿园开展了"认养树木"的活动。幼儿园里种了一棵木棉树，它是孩子们的好朋友。孩子们常在木棉树下游戏，发现掉落的木棉花他们便会一起拾起、晒干，然后煲木棉花茶喝，甚至在木棉花结棉时节会观察棉絮纷纷飘落的景象。孩子们和"木棉树"形影不离，在感知、探索、实践的过程中，他们又继续引发了关于木棉花的各种关注，如"木棉花的棉是不是棉花""棉花是不是花"等。对于"木棉树"，孩子们每次都有聊不完的话题，就这样，一场关于木棉花探索之旅就此起航。

活动一 拾、晒木棉花

怡涵："木棉花红彤彤的，我最喜欢了！"

浩冉："我们一起去捡木棉花吧！"

看一看，摸一摸，闻一闻，木棉花红红的颜色，真好看。让孩子们近距离感受一下木棉花的样子吧！

怡涵："老师，我奶奶会把木棉花晒干，我们也去晒一晒吧！"

老师："哪里适合晒木棉花呢？"

怡涵连忙说道："操场。"

浩冉说："但是操场人太多了，如果不小心踩到我们的木棉花怎么办？"

钺昊："那我们去天台吧！晒在角落里，不会被踩到的。"

于是，大家一起捧着刚捡起的木棉花到天台进行晾晒。

木棉花晒干的样子是怎样的呢？晒干的木棉花可以用来做什么呢？

孩子们期待着。

活动二 煲木棉花茶

通过查阅资料，孩子们了解到：在广东，晒干的木棉花可以煲粥、煲茶健脾祛湿。煲茶分六个步骤：闻、洗、放、观察、煲、品。

豆豆："我觉得晒干的木棉花闻起来香香的！我喜欢这个味道！"

贝贝："我不太喜欢这个味道，闻起来苦苦的，会不会煲出来的花茶也会苦苦的呢？"

嘉浚："老师，要等多久才能喝到木棉花茶呢？"

楚琪："我发现干木棉花越煮越大了！"

皓宇："颜色这么深，木棉花茶应该会很苦吧？"

木棉花茶终于煲好了，孩子们迫不及待地品尝起木棉花茶来。原来一点也不苦的，还纷纷表示要"续杯"。

"我还要一杯！"

"下次还要喝。"

"原来煲花茶这么简单啊。"

......

活动三 制作树牌

某天，孩子们商量着要为"好朋友"木棉树制作一个专属的树牌。有了树牌，幼儿园的小伙伴和叔叔阿姨就能一目了然地知道和认识了这位"树朋友"了！

那树牌应该怎么做呢？树牌上面要有什么内容呢？

"树牌上要有树的名字。"

"可以在树牌画上树的样子。"

"树牌可以是长方形的，也可以是正方形的，还可以是圆形的。"

"树牌上面可以贴一个二维码，用手机扫扫就能知道这是一棵什么树。"

经过讨论，孩子们知道树牌是要做成大家都能看得懂的牌。于是，孩子们找来了黏土、棉花、小木棍等材料，一起动手制作出了有创意的木棉树牌。

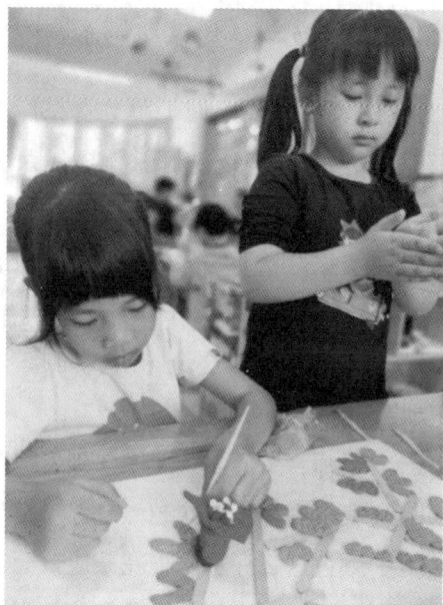

活动四　木棉花与棉花之争

制作树牌时，孩子们想到了去幼儿园保健室借用医用棉花做装饰。此时，树牌上的医用棉花又让孩子们产生了好奇与疑问：

"棉花和木棉花飘落下来的棉花是一样吗？"

"木棉花白白的，它们就是棉花吗？"

"肯定不是的，木棉花飘下来的棉里面是有黑色颗粒籽的，棉花是没有的。"

"我认为是棉花。"

"我觉得不是棉花。"

……

孩子们对"木棉花的棉是不是棉花"这个问题进行了争论。另外，还提出了许多关于棉花奇思妙想的问题：

1. 木棉花喜欢干的地方还是湿的地方？

2. 棉花是先开花后结棉吗？

3. 木棉花和棉花的树叶有什么不一样？

4. 木棉花和棉花是怎么长出来的？

5. 棉花是不是花？

6. 木棉花有几片花瓣？

7. 棉花里面的黑点是什么？

8. 为什么木棉花飘下来，我们会打喷嚏？

9. 棉花生活在哪里？

10. 木棉花和棉花的棉可以做什么？

11. 棉花的花朵长什么样子？

12. 木棉花树有多高？棉花呢？

……

　　孩子们想知道关于棉花的问题实在太多了，在"棉花"的话题上，孩子们有着强烈的好奇心和探索的兴趣。《指南》提出：教师要鼓励幼儿根据观察或发现提出值得继续探究的问题；支持和鼓励幼儿大胆联想、猜测问题的答案，并设法去探究、去验证；支持、引导幼儿学习采用适宜的方法探究和解决问题。

　　作为教师，要积极抓住幼儿的兴趣和需要，拓展幼儿已有的经验，实现以"教师"为中心向以"幼儿"为中心的转变。基于孩子的兴趣，跟着孩子的脚步，我们与孩子们一起共同梳理问题，筛选出 4 个有价值的问题，并以孩子为主体深入探析了不同领域的课程活动，"木棉花与棉花"的探究活动开启了。

　　问题 1：木棉花和棉花是怎么长出来的？有什么不一样呢？

　　通过与孩子们一起查阅资料，了解了木棉花与棉花的不同：

　　1. 生长过程不一样。

　　2. 生长的地域环境不一样。

　　3. 树形、高度、花色、叶子不一样。

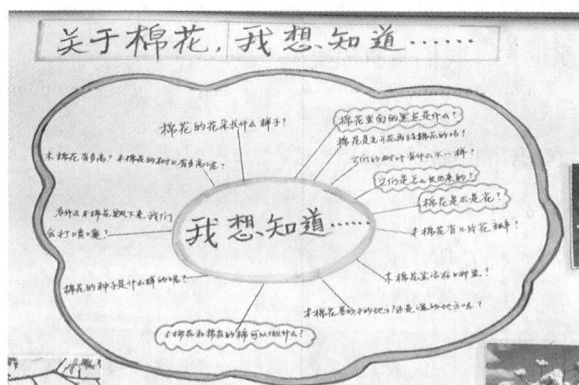

4. 采取棉的方式不一样。

5. 木棉花的棉不是棉花。

绘画木棉花和棉花的区别

孩子们观察木棉花和棉花，并且用表征的方式表现出木棉花和棉花不同的生长环境，以及两者高矮、花、叶子形状等的差异。

设计木棉树标识牌

通过前期的讨论和研究，孩子们对木棉树有了更多的了解，在此基础上，孩子们自己做设计师，用符号、文字、图画等表现形式，设计出了属于自身风格的、独一无二的木棉树标识牌。

问题2：棉花是不是花？

老师："有什么办法可以知道棉花是不是花呢？"

心怡："我们可以找找植物图书看看。"

锐熙："我们在电脑上找一找吧！我爸爸说有问题可以查百度。"

到幼儿园的图书室查找资料

浩冉：图书馆没有关于棉花的书。

永诚：看来要想别的办法了。

亲子讨论、网络调查

通过亲子讨论、查找网络寻找答案，孩子们得出以下结果：

1. 棉花像花，却不是花。

2. 棉花是棉花树的果实。

问题3：木棉里面的黑点是什么？

孩子们发现木棉树的棉絮里有黑点点，这是什么呢？有的孩子说是种子，有的孩子说这黑色的籽是有毒的……到底黑色的点点是什么？孩子们纷纷回家查找资料。

第二天孩子通过查找资料分享研究结果：木棉花的黑点是没有毒的，是木棉花的种子。

问题4：木棉花和棉花有什么作用？

一次晨谈活动中，孩子们自发讨论到这个问题，于是，我们提供了材料让孩子们自己去实验、思考。

感受棉花

"棉花飘到脸上也有点痒，但由于木棉花的棉轻些，所以更痒。"

"我要鼓起腮帮子吹医用棉呢！医用棉有点重量，没有木棉花的棉轻。"

观看视频，讨论木棉花和棉花的棉可以做什么？

通过观看《木棉花和棉花的特性》的视频，孩子们纷纷发表了自己的见解：

贝贝："棉花很软，用来做枕头肯定很舒服。"

乐颐："做成棉衣肯定会很暖和。"

晟希："木棉花可做成中药。"

熙然："我的布娃娃就是用棉花做的。"

莴希："止血用的棉签也是棉花做的吧。"

恺恺："我的袜子就是纯棉的。"

果果："我们的被子也是棉花做的。"

棉花"藏"在哪里？

孩子们在家找到了许多棉花制品，棉签、洗脸巾、纸尿片等，还发现了原来的人民币用纸原料也有棉花。

绘画木棉花和棉花制品

孩子们以绘画的形式记录自己的探索棉花的发现。

经过一系列的探索活动，孩子们总结出木棉花和棉花的特点与不同：

1. 木棉花和棉花都是白色絮棉。

2. 木棉花和棉花都可以用作织物的材料。

3. 木棉花的棉更有弹性，不易被水浸湿；耐压性强，保暖性强，可用来制作枕头、救生衣、救生圈等，而棉花却比较紧密。

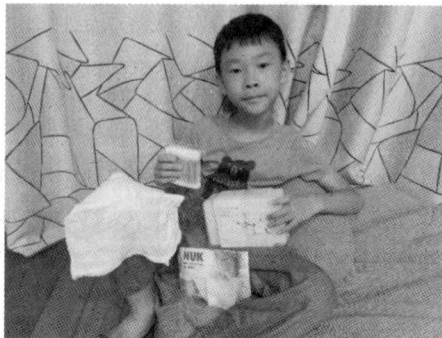

4. 木棉的特点主要表现在花朵方面，还有它的树皮都可用作中草药或制成中成药。

5. 棉花的特点主要表现在纤维方面，它可用

布娃娃

毛巾

枕头

棉签

被子

围巾

作医药卫生用品和制成衣服等用品上。

在一系列的探究过程中，孩子的认知能力得到了不断提升。伴随着经验的积累，孩子们探究的深度和广度也在不断地扩展和延伸。同时，老师们收集了孩子的作品，包括记录和一些资料，并把这些展示在主题墙上，让孩子们能相互交流、分享。

总结反思：

1. 继续开展木棉花课程探索活动；根据孩子感兴趣的、有价值问题进一步深入探究。

2. 身边的环境和生活是用之不尽，取之不竭的活动素材。幼儿周围的自然景观、生活事件、节日活动、文化活动等都是教育的重要资源。教师要善于捕捉教育契机，关注孩子们的兴趣和问题，充分发挥教师作为组织者、引导者、合作者的主导作用。活动中要倾听孩子、以孩子为主体，使孩子们在活动中满足探究新知的兴趣，感受学习的乐趣，同时，增长见识和能力，使孩子们真正成为活动的主动建构者。

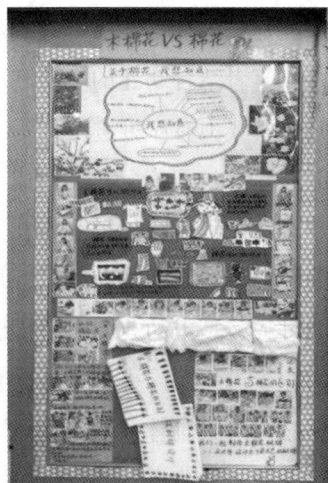

3. 在孩子自由探索的过程中，有效的师幼互动能支撑孩子们的深度学习，帮助孩子们主动探索、建立自信。这些支撑包括提供的一些挑战性的材料、适时的鼓励和解决的策略。

4. 把孩子参与课程活动的过程以照片视频等方式记录下来，并体现在环境创设中，这不仅能引发孩子的交流、反思、回忆、整理，还能更好地激发孩子们对活动的兴趣。

后　记

习近平总书记在党的十九大报告中指出，"努力让每个孩子都能享受公平而优质的教育"，学前教育日益注重内涵式发展，关注"质"的提升。随着《3—6岁儿童学习与发展指南》《幼儿园保教质量评估指南》的颁布实施，在以儿童为本、科学评估的背景下，"尊重幼儿""幼儿在前，教师在后""生活化和游戏化"等词汇频频出现在我们的视野中，关注孩子经验与兴趣的课程已经占据主流，其中游戏是幼儿的基本活动。生活化和游戏化是幼儿园课程改革的基本理念，也是实现学前教育高质量发展的重要路径，课程建构的系统性、灵活性、整合性不断地提醒我们，课程变革已迫在眉睫。

2020年，顺德机关幼儿园回归公办以后，基于对高品质幼儿教育的不懈追求，笔者一直在梳理自己这些年对于培根教育，课程生活化、游戏化和幼儿本位的思考。在相关专家的指导下，在原有的"快乐成长课程"的基础上，根据顺德机关幼儿园的课程实践，笔者对课程框架进行了顶层设计，从课程理念、目标、内容到具体实施、评价的整体内在逻辑关系，笔者结合幼儿的生活和本土文化，初步形成了本幼儿园"乐融"园本课程的实施方案，并在实践中有序推进该课程方案的落实。经过两年多的实践，对于生活化、本土化的园本课程建构与实施，我们形成了自己的思考和实践案例。

在课程实践的过程中，虽然我们也遇到了各种挑战和困难，但是，我们坚持追求卓越的教育，不断反思和改进，从中不断汲取经验教训。我们知道幼儿园进行课程研究和实践的过程，是本幼儿园办园理念和课程质量提升的过程，是丰富园文化内涵的过程，是多层次、多因素协同推动我园教育品质不断优化的过程。《求真　至善　达美——顺德机关幼儿园"乐融"园本课程的创新探索与实践》一书就是顺德机关幼儿园根植于中国优秀传统文化，注重幼儿自主探究的自主研发的园本课程。本书的撰写目的是为了与教育界的同行分享我们办园的实践经验，并为广大家长提供一本有关幼儿教育的参考书籍。我们希望借此激发更多教育工作者对幼儿教育创新的思考和实践，并为孩子们的成长和发展做出更大的贡献。

在此，笔者本人要特别感谢华东师范大学朱家雄教授、周念丽教授，华南师范大学郑福明教授、张博教授，广州大学叶平枝教授，佛山市教师发展中心舒悦主任和佛山科学技术学院的谢中元博士的帮助和指导，是他们一直关心着我们一线幼儿园的课程建设和发展。我们还要感谢广州大学赵景辉博士多次来本园指导园本课程的教研活动。最后，我们还要衷心感谢顺德机关幼儿园的全体同事、家长和可爱的孩子们，正是他们的支持和合作使得《求真　至善　达美——顺德机关幼儿园"乐融"园本课程的创新探索与实践》一书的出版成为可能。希望本书能为大家带来启示和启发，共同探索出更好的幼儿教育之路。

再次衷心感谢您的阅读和支持！

顺德机关幼儿园园长

2023 年 8 月